Cornelia Huber

Das kindliche Spiel und seine Bedeutung für das elementarpädagogische Handeln

Cornelia Huber

Das kindliche Spiel und seine Bedeutung für das elementarpädagogische Handeln

LIT

Umschlagbild: Fidan Akhundova

Dank an meine spielenden Töchter

Bibliografische Information der Deutschen Nationalbibliothek
Die Deutsche Nationalbibliothek verzeichnet diese Publikation in der Deutschen Nationalbibliografie; detaillierte bibliografische Daten sind im Internet über http://dnb.d-nb.de abrufbar.

ISBN 978-3-643-13707-4 (broschiert)
ISBN 978-3-643-33707-8 (PDF)

Verlagskontakt:
Fresnostr. 2 D-48159 Münster
Tel. +49 (0) 2 51-62 03 20
E-Mail: lit@lit-verlag.de http://www.lit-verlag.de

Auslieferung:
Deutschland: LIT Verlag Fresnostr. 2, D-48159 Münster
Tel. +49 (0) 2 51-620 32 22, Fax +49 (0) 2 51-922 60 99,
E-Mail: vertrieb@lit-verlag.de

E-Books sind erhältlich unter www.litwebshop.de

Für meinen Vater

Adolf Ferdinand Huber

Inhalt

Einleitung

„Jedes spielende Kind benimmt sich wie ein Dichter, indem es sich eine eigene Welt erschafft oder, richtiger gesagt, die Dinge seiner Welt in eine neue, ihm gefällige Ordnung versetzt“ (Freud 1908, S. 171).

Das Spiel des Kindes gibt Einblick in seine subjektiv erlebte Wirklichkeit, das macht das kindliche Spiel und Spielverhalten aus pädagogischer Sicht zu einem faszinierenden Geschehen. Es sind der soziale Alltag des Kindes, seine erlebten Beziehungserfahrungen und die persönlichen Entwicklungsmöglichkeiten, die im Spiel zu einem einheitlichen Moment mit facettenreichen Einzelheiten zum Vorschein kommen. „Das kindliche Spiel lebt aus sich selbst heraus und ist nur von da aus zu begreifen“ (Mogel 2008, S. XI). Die Vielfalt, Lebendigkeit und Subjektivität des kindlichen Spiels erfordert aus elementarpädagogischer Sicht ein ebenso perspektivenreiches Einlassen *auf* als auch Annähern *an* kindliche Lebensverhältnisse, zumindest dann, wenn der pädagogische Anspruch erhoben wird, das Spiel des Kindes als eine zentrale Lebensform und Lebensäußerung des Kindes zu verstehen.

Ziel des Lehrbuches ist, den Wert des kindlichen Spiels in seiner theoretischen Vielfalt zu skizzieren, um den Bedeutungsgehalt für die elementarpädagogische Praxis handlungsrelevant herauszuarbeiten.

Die übergreifende Frage lautet: Welchen Stellenwert hat das kindliche Spiel für das elementarpädagogische Handeln?

Dabei geht es in erster Linie um die Entwicklung eines fachlich, theoretisch fundierten Verständnisses vom kindlichen Spiel. Das kindliche Spiel und das Spielen mit Kindern gehört in das berufliche Feld und zum professionellen Handeln des Kindheitspädagogen mitgedacht. Dabei soll das vorliegende Lehrbuch die fürsorgliche Verantwortung für das kindliche Spiel auf zwei zentralen Ebenen professionstheoretisch vermitteln:

1. Auf der Ebene einer theoretisch fundierten Auseinandersetzung.
2. Auf der Ebene des eigenen Erfahrungshintergrundes und der Reflexion der eigenen Empfänglichkeit für Spiel und Spielfähigkeit.

Der Diplompädagoge Michael Renner (2008) nennt die erste Ebene »Umwege über den Kopf« und stellt damit treffend dar, dass das theoretische Wissen über das Spiel und seine Funktionsbestimmung für die kindliche Entwicklung seit der Antike, Ausgangspunkt für Spielanregung, Gestaltung von Spielbedingungen und Spielförderung darstellt. Somit gehören das Wissen *über* das Spiel und die Haltung *zum* beruflichen Handeln im Spiel zum beruflich relevanten Professionswissen des Kindheitspädagogen (vgl. Renner 2008, S. 10f.).

Gleichsam ist der Versuch, die Spiele und Spielbedürfnisse der Kinder zu verstehen, unmittelbar verbunden mit der Reflexion des eigenen Erfahrungshintergrundes, den eigenen mitgebrachten inneren Bildern, die jede Kindheitspädagogin, jeder Kindheitspädagoge mitbringt und anhand derer sie bzw. er den Sinn kindlicher Spiele zu verstehen (ver-)sucht.

Aufgabe: Beschreiben Sie bitte die folgende Spielsituation aus Ihrer persönlichen Perspektive. Leitfragen sind dabei: Wie spielt das Kind? Was sind die möglichen Themen, die das Kind beschäftigen? Haben Sie selbst auch so gespielt und zuletzt, was unterscheidet Ihrer Meinung nach diese Spielsituation von Spielen, die Sie als Student/in spielen?

Beispiel:

Ein vierjähriges Mädchen sitzt an einem Tisch und spielt mit selbsthergestellten kleinen Figuren aus Knetgummi. Die Figuren werden nach Farbe sortiert und sprechen miteinander. Folgender Dialog wird von dem Mädchen geführt: Figur (klein und gelb) fragt: „Magst du mit mir spielen?“ Figur (groß und blau) antwortet: „Nein, ich muss doch für die Schule lernen, das kannst du noch nicht wissen, du bist zu klein!“ Die gelbe kleine Figur geht zu einer anderen gelben (mittelgroßen) Figur und sagt: „Ich will spielen!“ Die mittelgroße gelbe Figur wackelt hin und her und wird weggeschoben in einen Haufen der blauen Figuren. Die blauen Figuren (alle Größen) freuen sich und rufen: „Endlich bist du da, es gibt doch gleich essen.“ Das Mädchen lässt die kleine gelbe Figur alleine an seinem Platz liegen und spielt jetzt mit der blauen Familie und dem Besuch von der gelben (mittleren) Figur. Das Mädchen flüstert und spricht in unterschiedlichen Rollen. Die Figuren nennt das Mädchen »Glücksies«.

Das Lehrbuch behandelt folgende wissenschaftliche Zusammenhänge:

Im ersten Kapitel stellt spieltheoretische Grundlagen dar mit dem Ziel, historisch in die Geschichte des Spiels einzuführen und eine Begriffs- sowie Funktionsbestimmung vorzunehmen. Es wird sich der Frage angenähert, welche Wesensmerkmale das Spiel bestimmen.

Kapitel 2 widmet sich der Bedeutung des Spiels für die kindliche Entwicklung und nimmt dabei unterschiedliche theoretische Blickwinkel ein. Die Frage nach dem Wesen des Spiels (Kapitel 1) geht über in die Frage nach der Wirkung des Spiels. Es wird die psychoanalytische, phänomenologische und handlungstheoretische Perspektive dargestellt. Deutlich wird, dass der Blick auf die Funktion, welches das kindliche Spiel für die kindliche Entwicklung haben kann, eng verbunden ist mit der jeweiligen theoretischen Sicht und dem daran gebundenen Wissen.

Kapitel 3 führt in die nicht ganz unproblematische Klassifikation von Spielformen ein. Problematisch ist die Einordnung bestimmter Spielformen und Spieltypen, da die Vielfalt der Spiele der Kinder nicht ohne Weiteres zu kategorisieren, d.h. einer bestimmten Spielform zuzuordnen sind. Kinder, die miteinander »Vater, Mutter, Kind« spielen, spielen je nach Intention und Inhalt des Spieles unterschiedliche Spielformen. Das Rollenspiel kann dann durchaus zum Regelspiel werden oder gleichzeitig zum Wettkampf. Es kann symbolische Darstellungen enthalten und zugleich ein sensomotorisches Spiel darstellen. Um ein Bild von der Spielentwicklung des Menschen zu gewinnen, ist es jedoch zielführend, bestimmte Spielformen der menschlichen Entwicklung zuzuordnen. Für die elementarpädagogische Praxis können hier Handlungsbezüge herausgearbeitet werden, die sich aus den Voraussetzungen und Entwicklungsmöglichkeiten der Kinder für unterschiedliche Spiele ergeben.

Die Schlussbetrachtung fügt die Ergebnisse der einzelnen Kapitel zusammen und überführt die wesentlichen theoretischen Wissensbestände zum kindlichen Spiel handlungsrelevant in die elementarpädagogische Praxis. Es gilt, dem kindlichen Spiel eine elementarpädagogische Bedeutung zuzusprechen und den Bildungs- und Erziehungswert didaktisch-methodisch zu reflektieren sowie Anregungspunkte für Selbstreflexionsprozesse zu geben.

Kapitel 1

1 Spieltheoretische Grundlagen

In diesem Kapitel erfahren Sie, wie das kindliche Spiel historisch betrachtet und wissenschaftlich verstanden werden kann. Es geht um eine Begriffsannäherung des kindlichen Spiels und Spielverhaltens, ohne den Anspruch einer klaren und einheitlichen Definition, welche der inneren Vielfalt des Spielverhaltens nicht gerecht würde. Sie gewinnen einen spieltheoretischen Einblick durch eine historische Einführung und mittels einer Begriffs- und Funktionsbestimmung des kindlichen Spiels. Nach der Lektüre des Kapitels kann das Spiel als fundamentales Lebenssystem des Menschen sowie die Perspektive der Wissenschaft auf die Bedeutung des kindlichen Spiels und dessen Funktion nachvollzogen werden.

„Spielen, Spiel ist die höchste Stufe der Kindesentwicklung, der Menschentwicklung dieser Zeit, denn es ist freitätige Darstellung des Inneren, die Darstellung des Inneren aus der Notwendigkeit und Bedürfnis des Inneren selbst, was auch das Wort Spiel selbst sagt. Spiel ist das reinste geistige Erzeugnis des Menschen auf dieser Stufe, und ist zugleich das Vorbild und Nachbild des gesamten Menschenlebens, des Innern, geheimen Naturlebens im Menschen und in allen Dingen“ (Fröbel 1826, S. 69).

Zum Thema »Spiel(en)« fällt einem jeden von uns etwas ein, wir verbinden den Begriff unter anderem mit Kindheitserlebnissen, die verbunden sind mit Vergnügen, Spaß und Lust, aber auch

Kampfgeist oder Ehrgeiz. Spielen macht in der Regel Freude, es gehört zum kindlichen Alltag dazu, ein jeder von uns hat Erinnerungen an geliebtes Spielzeug, gemeinsam erlebte Spiele und positiv besetzte Spielerfahrungen. Spielen wird im Alltag assoziiert mit *lebendig*, *leicht*, *schöpferisch*, *fröhlich*, *kreativ* und vielen weiteren, überwiegend positiven Merkmalen. Fragt man Studentinnen/Studenten nach Erinnerungen an das eigene Lieblingsspielzeug, wird deutlich, dass diese schnell und emotional abrufbar sind. Außerdem hat das Thema »Spiel« neben einem emotionalen Aspekt immer auch einen alltagsnahen Bezug.

Die Nähe zum sozialen Alltag stellt dabei eine Besonderheit und zugleich Herausforderung dar, die es kritisch zu reflektieren gilt: Wir alle kennen alle im frühpädagogischen Feld die einhergehende Abwertung dessen, was im Alltag doch so »normal« ist. Die Banalität des Geschehens, die Tatsache, dass jeder spielen kann und nicht allein im professionellen Kontext »gespielt« wird, führt dazu, diese Kompetenz im professionellen Lernumfeld als eher unwichtig zu bewerten. Skizziert wird ein Problem der Elementarpädagogik in Abgrenzung zum Alltagswissen, weil Themen wie das kindliche Spiel in unserer Gesellschaft nicht selten zu dem Trugschluss führen, dass die lebensweltliche Erfahrung, selbst ein Kind gewesen zu sein und womöglich ein Kind gezeugt, geboren und aufgezogen zu haben, dazu befähigt, in entsprechenden Fragen mitreden zu können, auch ohne jegliches Fachwissen. Auffällig dabei ist, „dass der Besitzer eines Portemonnaies und der Umstand, irgendwie Geld zu verdienen, noch niemanden zum Wirtschafts- und Haushaltsexperten macht und dass die Gabe, Schmerzen zu empfinden und Tabletten einnehmen zu können, noch keineswegs zur qualifizierten Mitsprache in medizinischen Fragen berechtigt“ (Pongratz, Nieke, Masschelein 2004, S. 144 f.). Das Alltagsverständnis und die implizierte Offenheit etwas mit – insbesondere »kleinen« – Menschen zu tun zu haben, erfordert ein hohes Maß an reflektiertem Selbstverständnis, welches immer wieder neu gefordert wird, auch und besonders beim Thema »das kindliche Spiel«.

Wenn sich kindheitspädagogische Fachkräfte mit dem großen und gleichzeitig bedeutsamen Thema *des kindlichen Spiels* auseinandersetzen wollen, wird aus wissenschaftlicher Sicht deutlich: Es gibt kaum einen Themenschwerpunkt in der Pädagogik, der in einem gleichen Maße so verschiedenartig berücksichtigt und in der alten wie neuen Literatur durch Vorurteile belastet behandelt wird. Denn dort, wo in der heutigen Leistungsgesellschaft *leicht*, *neugierig*, *frei heraus gehandelt*, also *gespielt* wird, handelt es sich um möglicherweise nicht allzu ernst zu nehmendes Verhalten.

Was aber ist das für ein Verhalten, wenn Kinder spielen? Dieser Frage soll zunächst historisch nachgegangen werden.

1.1 Das kindliche Spiel historisch betrachtet

Das wissenschaftliche Nachdenken über das Spiel kann im Kontext der Kultur und der jeweiligen gesellschaftspolitischen Verhältnisse beginnen, denn ob in der Steinzeit, in der Antike, im alten Ägypten oder im Mittelalter: „Auf der ganzen Welt legen Aufzeichnungen, Dokumente und Berichte Zeugnis davon ab, dass das Spiel aus dem Leben des Menschen nicht wegzudenken war und es damit ganz offensichtlich eine wichtige Funktion erfüllt hat. Insofern kann dieses wichtige Phänomen Spiel auch in der Alltagspädagogik gar nicht ausgeblendet werden, sondern muss zweifelsohne eine Berücksichtigung in der Kleinkindpädagogik finden“ (vgl. Krenz 2014, S. 1).

Als geistesgeschichtliche Wurzel der europäischen Geschichte ist der Einfluss der alten Griechen unbestritten. „Plato (427–347 v. Chr.) glaubte einen Zusammenhang zwischen der Erziehung zur Spielfähigkeit und der Stabilität des Staates und seiner Gesetze zu erkennen“ (Renner 2008, S. 15). Diesem Verständnis entsprechend verinnerlichen Kinder die Regeln, Normen und Gesetze der Gesellschaft durch kulturspezifische Spiele. Plato betont, dass Veränderungen der Spiele zeitgleich auf eine veränderte Gesellschaft hinweisen.

„Aristoteles (8384–322 v. Chr.) erkannte im Spiel der Kleinkinder seinen Erholungswert, seine Ambivalenz zur Arbeit und seine heilenden Kräfte“ (Renner 2008, S. 16). Und es war Cicero (106–43 v. Chr.) der einen Teil des gesamten sozialen Lebens zum Spiel erklärte. Denkt man an die Zeit der Römer zurück, sind es die zu dieser Zeit stattfindenden Feste, die sowohl das Schauspiel als auch das Kampfspiel miteinschlossen. Im Jahre 326 verbot der römische Kaiser Konstantin der Große das Spielen, um einer Verrohung des Volkes entgegenzuwirken, denn wer spielte, nahm das Leben und vor allem die Arbeit nicht ernst (vgl. ebd.).

Durch das Eindringen der Römer wurde die Kultur der Germanen grundlegend verändert. Der Aristokratie war es erlaubt zu spielen, zum Beispiel Turniere auszurichten, denn damit war die Idee verbunden, sich auf anstehende Kämpfe spielerisch und strategisch vorzubereiten. Die Spiele der Bauern hingegen wurden ungern gesehen, schließlich sollten sie arbeiten und nicht durch Spiele womöglich von der Arbeit abgelenkt werden.

Von einer Liberalisierung des Spiels kann, ausgelöst durch die Humanisten, nach dem 30-jährigen Krieg gesprochen werden. Dies änderte jedoch nichts daran, dass auch zu dieser Zeit den Kindern des gehobenen Standes das Spielen erlaubt und als selbstverständlich zugesprochen wurde, während die Kinder der Bauern anstatt zu spielen lieber arbeiten sollten.

Während der Pietist [Pietismus: Reformbewegung im kontinentaleuropäischen Protestantismus, eine Bewegung, die der Persönlichkeit des Einzelnen einen hohen Stellenwert zuschreibt] August Herman Franke (1663 * – 1727 †) das Spiel noch als Eingebung des Teufels, als unnützes Werk bezeichnete, erkannte der englische Philosoph und Sozialökonom

John Locke (1632 * – 1704 †) im Spiel eine Form von Erholung und Zerstreuung im Kindesalter (Renner 2008, S. 17).

Andreas Flitner (1977), einer der großen Spielforscher des letzten Jahrhunderts, schrieb: „Das Kinderspiel ist eine zu auffällige Erscheinung aller Zeiten und aller Kulturen, als dass die Menschen es nicht von jeher beachtet [...] hätten [...]. Schon die frühesten Bilder des alten Reichs der Ägypter zeigen Puppen, Spieltiere, Bälle und Wagen zum Ziehen; sie zeigen Kinder, die tanzen und hüpfen, übereinander wegspringen und sich balgen, ja sogar theatralische Szenen spielen und dabei Masken tragen [...]. In der vorindustriellen Gesellschaft haben die Kinder auch unmittelbar an den eigenen Spielen der Erwachsenen teilgenommen [...], so wie ihr ganzes Kinderleben noch in das Leben und Arbeiten der Erwachsenen eingefügt war. Erst das Industriezeitalter zerstörte diese Gemeinschaft. Erst an der Schwelle entstand deshalb die moderne pädagogische Reflexion, welche Theorie und Erforschung des Kinderspiels ermöglichte“ (Flitner 1977, S. 13).

Während Locke den Spieltrieb und dem Spiel des Kindes einen nützlichen erzieherischen Wert zuspricht – kindgemäßes Lernen sieht er „als Spiel und Erholung, ein selbstständiges und gleichsam von selbst sich vollziehendes Lernen“ (Stumpf 2007, S. 39) –, wirft der Philosoph und Kulturkritiker Jean Jacques Rousseau (1712 * – 1778 †) den herkömmlichen Erziehungsmethoden eben genau dies als Missbrauch des kindlichen Spiels vor. Seiner Ansicht nach gilt es das Spiel nicht zu missbrauchen, indem andere Tätigkeiten des Kindes spielerisch versüßt werden, sondern es unbeeinflusst, frei von Zwängen in seinem Spiel die Welt und das Leben erfassen zu lassen (vgl. Renner 2008, S. 17). Spiel als Moratorium zu betrachten, als einen Schutzraum des kindlichen Aufwachsens und eine Form des kindlichen Begreifens und Lernens war zu dieser Zeit revolutionär. Den Gedanken des spielerischen Lernens und die Bedeutung des Spiels im kindlichen

Lernprozess greift der Theologe Friedrich Daniel Ernst Schleiermacher (1768 * – 1834 †) in seiner Maxime wie folgt auf: „Das Kindsein muss das Menschsein nicht hindern, und das Menschsein nicht das Kind sein" (Stumpf 2007, S. 69). Damit betont Schleiermacher den Gegenwartaspekt der Erziehung, welcher das Spiel in den Vordergrund stellen sollte. Erst bei einer späteren Zukunftsorientierung gehöre dieser Aspekt in den Hintergrund der Erziehung.

Deutlich wird, vielzählige Pädagogen haben sich mit dem kindlichen Spiel befasst und bereits methodische, soziale Aspekte des Spiels erziehungswissenschaftlich diskutiert, jedoch ohne dabei eine sogenannte »Spielpädagogik« zu entwerfen.

Erst der Schulpädagoge Friedrich Fröbel (1782 * – 1852 †) bemüht sich um eine Pädagogik des Spiels und eine theoretisch geleitete Spielpädagogik. „Die Spielpädagogik Fröbels ist das ‚Entgegengesetztgleiche' seiner Schulpädagogik. Fröbels Pädagogik des Spiels stimmt in der sphärenphilosophischen Grundlage mit seiner Schulpädagogik überein. Das wäre das ‚Gleiche' beider Bereiche der Pädagogik Fröbels. Die Spielpädagogik Fröbels unterscheidet sich aber ganz erheblich von seiner Schulpädagogik durch ihre Anthropologie des Kindes und die damit verbundene kindliche Wirklichkeitssicht in ihrer pädagogisch-didaktischen Vermitteltheit" (Heiland 1998, S. 5). Beides, seine Schulpädagogik, sowie die Spielpädagogik streben kategoriale Bildung durch ein Erfassen des »Elementaren« an, dennoch ist die Spielpädagogik der Schulpädagogik entgegengesetzt. Während es in der Schule um eine Didaktik der Einsicht und Bewusstheit geht, spielt in der Spielpädagogik das praktische Tun des Kindes eine vordergründige Rolle. „Fröbel entwickelte ein Plädoyer für das kindliche Spiel, das er neben Arbeit und Kunst als Grundform menschlicher ‚Selbstdarstellung' betrachtet. Dabei sei das Spiel die ‚höchste Stufe der Kindesentwicklung, der Menschentwicklung ...; denn es ist freitätige Darstellung des Inneren aus Notwendigkeit und Bedürfnis des Inneren selbst' (ebd. S. 33)" (Berger 2000, S. 3).

Beachtet man an dieser Stelle, dass sich die Pädagogik Fröbels religiös-mystisch legitimiert, so gewinnt auch der spielpädagogische Blick eine ebensolche Bedeutung. Wirklichkeit wird im Sinne Fröbels »sphärenphilosophisch« erfasst, „also jedes Einzelne in seinem Gesamtzusammenhang (= ‚sphärisch'), also als ‚Allgemeines' (= ‚philosophisch') zu erfassen" (Heiland 1998, S. 5) gesucht. Für Fröbel erkennt das Kind im Spiel die allgemeine Gesetzlichkeit des Kosmos. „Dazu verhelfen einfache, autodidaktische Spielmaterialien wie Ball oder Kugel, die in ihrer Begrenztheit und gleichzeitigen Ausdehnung nach vielen Seiten das Prinzip des Universums die Polarität von Einheit und Mannigfaltigkeit, unmittelbar zum Ausdruck bringen. Weitere Spielmaterialien sind Würfel, Walze, flache Bauklötzchen, Legetäfelchen, Flecht- und Faltarbeiten. Klare Grundformen können nach Fröbel den Sinn für die in allen natürlichen Erscheinungen des Universums waltenden Gesetze am besten offenbaren" (Stumpf 2007, S. 75). Der möglichst freien Beschäftigung [. . .] komm dabei didaktisch eine zentrale Rolle zu, um dem Kind die Möglichkeit zu bieten, unterschiedliche Gegenstände in ihrer Beschaffenheit eigenständig zu erkunden, zu erfassen.

Fröbels Spielpädagogik vereint drei bis heute relevante Säulen der Elementarpädagogik: die kognitive Förderung, das soziale Lernen und die emotionale pädagogische Zuwendung.

Es kann an dieser Stelle festgehalten werden: Fröbel versteht das kindliche Spiel als höchste Stufe der Kindheitsentwicklung in der es darum geht, Äußerliches zu verinnerlichen und Innerliches nach außen zu tragen, „entsprechend der Vorstellung, dass Eindrücke ausgedrückt werden müssen und das eigene Ausdruckverhalten einen Eindruck in der Welt hinterlassen soll" (Krenz 2014, S. 3).

Die Theorien des Spiels aus historischer Sicht nehmen vielfältige und ausgesprochen facettenreiche Perspektiven ein, so wird das Spiel von Friedrich Schiller (1759 * – 1805 †) philosophisch betrachtet als ästhetische Vernetzung zwischen Schönheit und Sein. „In diesem Spannungsfeld von Trieb und Pflicht ermöglicht das Spiel dem Menschen, sich aus den Fesseln aller Verhältnisse, von allem, was Zwang heißt, sowohl im physischen, als im moralischen, zu lösen. In diesem Zusammenhang ist auch das viel benutzte Zitat zu verstehen: '... der Mensch spielt nur, wo er in voller Bedeutung des Wortes Mensch ist und er ist nur das ganz Mensch, wo er spielt' (Schiller 2000, S. 62)" (Renner 2008, S. 19).

Eine weitere phänomenologische Perspektive (Buytendijk 1933) vergleicht das Spiel mit einem Theaterstück und greift die spielerische Dynamik mit Gegenständen, Orten und Menschen auf. Damit wird philosophisch und kunsthistorisch (Huizinga 1972) der Spielbegriff auf die gesamte Kultur ausgeweitet, indem das ganze Leben als ein Spiel betrachtet wird. Psychoanalytisch wird von Sigmund Freud das kindliche Spiel als Katharsishypothese, eine Reinigung von Erlebnissen, Erfahrungen und Eindrücken zur Herstellung des seelischen Gleichgewichts verstanden (vgl. Krenz 2014, S. 4).

Ob als Regulation der Affekte, Verarbeitung von Erlebtem, Kulturweitergabe, sozialem Übungsfeld oder angenehmer Zeitvertreib, das Spiel(en) wird in kein einheitliches oder widerspruchsfreies Theoriemodell gefasst.

Dennoch soll im Folgenden eine Begriffs- und Funktionsbestimmung vorgenommen werden, mit dem Ziel, das Spiel des Kindes didaktisch für die Elementarpädagogik greifbar werden zu lassen.

1.2 Begriffs- und Funktionsbestimmung

Aufgabe: Bevor Sie dieses Unterkapitel lesen beantworten Sie schriftlich Ihre persönliche Sichtweise auf die Frage: Was heißt »Spielen«?

Der geschichtliche Einblick zum Thema »Spiel« hat die besondere Stellung innerhalb gesellschaftlicher Strukturen verdeutlicht, es folgt eine Begriffs- und Funktionsbestimmung, dazu ist der persönliche emotionale Bezug des Einzelnen ebenso bedeutsam wie gesellschaftlich geprägte Bilder, die sich in der Alltagssprache widerspiegeln.

Alltägliche Redewendungen zeigen die Vielfältigkeit des Begriffes: »Jemand *spielt* ein gefährliches Spiel«, oder »er *spielt* mit dem Feuer«; hier wird mitgeteilt, dass die Risikobereitschaft, etwas Bestandhaftes zu gefährden das Verhalten dessen, der hier »*spielt*«, bestimmt. Leichtsinn und Ungewissheit definiert hier das »gefährliche *Spiel*«. Wenn man hingegen »nicht weiß, was *gespielt* wird«, »einem übel *mitgespielt* wird« oder »andere einen *ausspielen*«, dann geht es um Verstehen bzw. Nichtverstehen von Zusammenhängen über Regeln, die andere festlegen und an denen man nicht teilhat. „Der Satz ‚Das *Spiel* ist aus‘ kann unterschiedliche Bedeutungen haben; er kann besagen, dass z.B. ein Fußballspiel zu Ende ist, Sieger und Verlierer feststehen, er kann aber auch das Auffliegen einer Serie krimineller Aktivitäten besiegeln oder emotionale Erleichterung oder Betroffenheit ausdrücken, je nachdem, auf welcher Seite eines zum Abschluss gebrachten Geschehens man steht“ (Mogel 2008, S. 4).

„Hinter dem Begriff des Spielens verbirgt sich in der Alltagssprache offenbar eine Reihe von Zusammenhängen, die das Leben selbst betreffen und direkt auf die Wirklichkeit der Lebensvorgänge bezogen sind. Falschheit und Heuchelei, Lug und Trug,

Diplomatie und Geschick können durch das Wort ‚Spielen' ebenso treffend beschrieben werden wie Leichtsinn und Risiko, Freiheit und Freude, Spaß und Vergnügen, Scherz und Witz. Besonders der Humor lebt von der kreativen, spielerischen Kombination unterschiedlicher Ebenen der Wirklichkeit" (Mogel 2008, S. 5). Es folgen Beispiele gestalteter Wirklichkeit, beschrieben mit dem Begriff des Spielens:

Beispiele:

Schauspieler spielen ihre verschiedenen Rollen im Theaterstück und gestalten damit die Wirklichkeit des Stückes.

Fußballer spielen in unterschiedlichen Positionen und bestimmen damit den Spielverlauf.

Im Orchester spielt jeder Musiker sein Instrument und begleitet damit die Gesamtkomposition der Melodie.

Das Spiel hat bei allen genannten Beispielen sein eigenes inneres Ziel und damit auch ein entsprechende Ergebnis im Blick. Wesentlich ist dabei, dass mehrere Ziele und Ergebnisse verfolgt werden können (z.B. das Ziel, Freude zu bereiten, oder andere zu berühren, jemandem einen Gefallen zu tun, zu überzeugen, sich selbst oder anderen gegenüber Leistung zu beweisen und damit Anerkennung zu erhalten etc.).

Es ist eines der Hauptmerkmale des sogenannten »echten« Spiels, den Sinn und Zweck in sich selbst zu tragen, aufgrund dessen es sich als eine ganz besondere Art von Handlung des Menschen beschreiben lässt. „Als zwei Kriterien, die immer genannt werden, schälen sich Zweckfreiheit und der innere Anreiz der Spieltätigkeit (Scheuerl, 1991; Wygotski, 1933)" (Oerter 1999, S. 5) heraus. Dabei geht es nicht um den Verzicht eines Ziels, wie die oben beschriebenen Beispiele es verdeutlichen, wohl aber darum, die Verbindung zwischen Handlung und Ergebnis als eine unverbindliche, »lose« oder auch »leichte, unbeschwerte« Verbindung zu betrachten, die eher tätigkeitsorientiert als zielfixiert besteht. „Dem Kind kommt es im Spiel nicht so sehr darauf an, den ursprünglich mit der Spielhandlung verbundenen Zweck auch wirklich zu erreichen, sondern die Tätigkeit selbst rückt in den Vordergrund, wird variiert und immer wieder erneut aufgegriffen. Das Kind vergisst gewissermaßen über der Tätigkeit den ursprünglichen Zweck“ (Oerter 1999, S. 6). Gerade weil das Kind diesen Zweck vergisst und nicht zielfixiert handelt, bleibt es offen für das Üben unterschiedlicher Fertigkeiten und Handlungsweisen, die im Spiel geübt und angeeignet werden können. An dieser Stelle lässt sich das Spiel als intrinsisch motivierte Tätigkeit beschreiben einhergehend mit einem Flow Erleben, das als Kern jeder tätigkeitszentrierten Motivation angesehen wird und folgende Merkmale aufweist:

„1. Handlungsanforderungen und Rückmeldungen sind klar und interpretationsfrei, so dass man jederzeit und ohne nachzudenken weiß, was jetzt zu tun ist.
2. Man fühlt sich optimal beansprucht und hat trotz hoher Anforderungen das sichere Gefühl, das Geschehen noch stets unter Kontrolle zu haben.
3. Der Handlungsablauf wird als glatt erlebt. Ein Schritt geht flüssig in den nächsten über, als liefe das Geschehen wie aus einer inneren Logik.
4. Man muss sich nicht aktiv konzentrieren, vielmehr kommt die Konzentration wie von selbst, ganz so wie die Atmung. Es kommt zur Ausbeldung aller Kognitionen, die nicht unmittelbar auf die jetzige Ausführungsregulation gerichtet sind.
5. Das Zeiterleben ist stark beeinträchtigt; man vergisst die Zeit und weiß nicht, wie lange man schon dabei ist.
6. Man erlebt sich nicht mehr als abgehoben von der Tätigkeit, man geht vielmehr gänzlich auf in der eigenen Aktivität (sog. ‚Verschmelzen‘). Es kommt zum Verlust von Reflexivität und Selbstbewußtheit“ (Oerter 1999, S. 7).

Für werdende Kindheitspädagogen und -pädagoginnen ist es bedeutsam herauszuheben, dass das, was Kinder beim Spielen erzeugen, üben, wiedergeben und gestalten, ihre erlebte Wirklichkeit ist, „in der Subjektivität und Objektivität der inneren und äußeren Tatsachen zu einer Einheit verschmelzen [...]" (Mogel 2008, S. 5). Wenn sich die Elementarpädagogik einen Begriff vom kindlichen Spiel machen möchte, gelingt dies vom kindlichen Spiel selbst heraus. Das kindliche Spiel hat subjektiven Charakter, jedes Kind gestaltet mit Hilfe des Spiels seine individuell erlebte Wirklichkeit, „und zwar direkter, unverfälschter und aufschlussreicher als in jedem anderen Tätigkeitsfeld [...]" (Mogel 2008, S. 6).

Somit soll die Funktionsbestimmung mit Hilfe des Tätigkeitsbezuges, des Gegenstandbezuges sowie der Bedeutung der Bewegung im kindlichen Spiel erfolgen.

Ziel der Pädagogik ist es bereits seit jeher, durch Bildung und Erziehung ein erfülltes Leben zu sichern. Erziehung soll zur gestaltenden, orientierenden und gelassenen Lebensführung beitragen, zu einer, im Sinne Wilhelm von Humboldt (1767–1835) gesprochenen »aktiven Aneignung der Welt« (vgl. Koller 2010, S. 80f.). Humboldts Bezugspunkt ist das Innere des Menschen, d.h. er bezieht sich auf die Kräfte, Potentiale, die dem Menschen als Möglichkeit zur Verfügung stehen, die es zu entfalten, zu entwickeln, zu bilden gilt (vgl. Koller 2010, S. 75).

Die damit einhergehenden, zentralen Fragen lauten: Was braucht das Kind zur aktiven Aneignung? Wie wird das Kind selbst tätig?

Über die Funktion des Spiels können diese beiden Fragen beantwortet werden, da das Spiel die „natürliche" Aktivität, Bewegung und Auseinandersetzung mit der Wirklichkeit berücksichtigt. Betrachtet man den Begriff des Spiels tätigkeits-, gegenstands- und bewegungsorientiert, greift das Spiel die kindliche Art auf, sich die Welt anzueignen und geht dem Grundgedanken der Elementarpädagogik nach, der besagt, kindliche Lernprozesse finden interaktiv statt. Beschäftigt man sich mit der Tätigkeitstheorie, führt diese Perspektive automatisch zu den theoretischen Arbeiten der sowjetischen Psychologen Lew Semjonowitsch Wygotski (1896 * – 1934 †) und Alexej Nikolajewitsch Leontjew (1903 * – 1979 †).

Wygotski versteht die kindliche Entwicklung als eine dynamische, stets in Bewegung befindliche, als einen Prozess des Übergangs von einem psychischen Entwicklungsniveau zum nächsten. „Die Entwicklung stellt einen ‚ununterbrochenen Prozess der Selbstbewegung dar, der in erster Linie dadurch gekennzeichnet ist, dass ständig Neues, auf den bisherigen Stufen nicht Existierendes entsteht und sich ausbildet“ (Wygotski 1987, S. 17). Die auf Wygotski aufbauenden theoretischen Ansichten und Konzepte (Leontjew 1973, Jantzen 1987 und Elkonin 1965) vermitteln vor allem ein Grundverständnis dafür, wie die psychische Entwicklung des Kindes abläuft. Der »Weg«, durch den das Kind zu einer neuen psychischen Qualität der Regulation seiner Handlungen kommt, ist die »Tätigkeit« (Flämig et al. 2009, S. 10).

Die »Tätigkeit« führt die äußeren Einflüsse und die inneren Entwicklungsvoraussetzungen des Kindes zusammen.

Praxisnah kann das verdeutlicht werden durch die Mitteilung im Spiel, die sicher alle, die Kinder beim Spielen beobachtet haben, schon gehört haben: »Also, ich tu jetzt mal so, als ob . . . «

„Indem das Kind mit ‚Menschen, Orten und Dingen‘ (Carr 2001), also eingebettet in das tägliche Leben der anderen Menschen, tätig wird, konstruiert es sich seine eigene individuelle Struktur der äußeren Welt“ (Flämig et al. 2009, S. 10). Die Funktion des Spiel ist somit das sich Aneignen und Verstehen der Welt, über das Spiel wird die Welt für das Kind stimmig.

Das Kind, das im Spiel so tut als ob, orientiert sich an den Menschen und der sozialen Welt, die es erlebt. Über die Tätigkeit im Spiel und über die Tätigkeit mit anderen Menschen, erhalten die Gegenstände, Personen, die erlebten Handlungen, die Gefühle des Kindes eine Bedeutung, einen identitätsstiftenden Sinn. Es begreift die Gegenstände der Erwachsenen, mit denen diese hantieren, über die eigene Tätigkeit mit diesen Gegenständen. Sie probieren etwas aus.

Deutlich wird in der Darstellung: Kinder benutzen die Gegenstände, die für sie und die Personen, die sie erleben, bedeutsam sind. „Jede eigeninitiierte Tätigkeit ist eine für das Kind sinnvolle Tätigkeit" (Flämig et al. 2009, S. 11).

In der Tätigkeitstheorie werden Aktivitäten betont, die das Kind auf seine Umwelt bezieht. Schauen wir uns im sozialen Lebensalltag um – wie bedeutsam muss für heutige Kleinstkinder der Umgang mit dem Handy sein? Ein magischer Zauberkasten, der die Erwachsenen, Jugendlichen und Kinder in Bann hält, wo immer sie sind.

In der Tätigkeitstheorie wird davon ausgegangen, dass Kinder in der Welt handlungsfähig werden wollen, Realitätskontrolle anstreben, „sich die (sozialen) Bedeutungen der Tätigkeiten Erwachsener erschließen und schließlich so tätig sein [wollen] wie sie" (Flämig et al. 2009, S. 11).

Deutlich wird in diesem Zusammenhang die Bedeutung der Beziehung zu den Gegenständen, Orten und Personen, mit denen das Kind spielt.

Das Kind wird tätig, weil es eine Beziehung zu den Dingen, Menschen und Orten hat. Jedes Kind kann mit Gegenständen und Personen in der Form tätig werden, die seinen bisherigen Erfahrungen und dem jeweilig erreichten Entwicklungsstand entspricht.

Die Funktion des Spiels ist der Aufbau von sozialen Fähigkeiten und umfangreichem Wissen, gewonnen durch die Tätigkeit und den Gegenstandbezug.

Pier Paolo Pasolini schreibt: „Was mich in Worten gelehrt wurde, kann ich mit eigener Anstrengung vergessen. Aber ich könnte nie vergessen, was mich die Dinge gelehrt haben" (Pasolini 1976, S. 43). In den Worten der Kindheitsforscherin Donata Elschenbroich kann die Auseinandersetzung mit den »Dingen im Leben« in die Tätigkeitstheorie und ins kindliche Spiel übersetzt werden, denn im kindlichen Spiel setzt sich das Kind tätigkeitwirksam mit den Dingen des Lebens auseinander, für das Kind wird so die Welt allmählich eine »Dingwelt«. „In aktiver Fühlungsnahme kristallisieren sich aus Materialen und Formen die Gegenstände heraus, entsteht erst die Kategorie »Ding«. Hände und Mund sind die Navigationsinstrumente, für die Erwachsenen die sichtbarsten. Aber auch Auge, Ohr und Geruchsinn zeichnen mit an den Karten der Welt. Wiedererkanntes Aufheben, Drehen, Schieben, Rollen, In-den-Mund-Nehmen; Material erfahren und Kräfte, die in den Dingen wirken. An jedem Tag kommen zehn, zwanzig neue Dinge dazu. Kenne ich dieses? Oder erkennt es mich? Ein Ereignis nach dem anderen. Immer eingelassen in die Erfahrungen mit Anderen, mit den Erwachsenen, die im Gebrauch der Gegenstände schon fortgeschritten sind" (Elschenbroich 2012, S. 13). Im Spiel werden diese »Dinge« benutzt und erforscht und Stück für Stück wird der Umgang mit den »Dingen« vertraut.

Das Kind nutzt im Spiel Interaktionsräume, Gelegenheiten zum Improvisieren, Üben, Sich-Ausprobieren. Dies entspricht dem Verständnis von Wygotski, der die kindliche Entwicklung nicht als etwas versteht, was von selbst voranschreitet, sondern als Interaktionsprodukt, als Produkt des Kindes selbst, seiner sozialen Umwelt und den sich darin mit ihm auseinandersetzenden Personen – Erwachsenen wie auch Kindern –, eingebettet in den jeweiligen gesellschaftlichen Kontext (vgl. Flämig et al. 2009, S. 31).

Kinder benötigen Seelennahrung für ihr Wachstum und Menschsein, sie brauchen Spielräume, im wahrsten Sinne des Wortes: Räume zum Spielen und Lernen „([...] und alle Kinder sind sinnlich, d.h. voller Sinne. Diese erleben zu lassen, heißt: sie leben zu lassen" (Bastian 2011, S. 22).

Neben dem Tätigkeits- und Gegenstandbezug kann zuletzt der Bewegungscharakter als ein herausragendes Merkmal des Spiels erwähnt werden. „Es gibt kein Spiel, das ohne die Bewegung der Spieler stattfindet. Selbst wenn sich ein Spiel von außen her anbietet, muss der Spieler eingreifen, ‚etwas bewegen', wenn er teilhaben möchte. Bewegungslose Spiele gibt es nicht. Metaphorisch gesagt: Selbst ein Gedankenspiel lebt von der Bewegung der Gedanken" (Mogel 2008, S. 7).

1.3 Wesensmerkmale des Spiels

Das kindliche Spiel lässt sich nicht, entsprechend biologisch orientierter Annahmen, auf ein Verhalten reduzieren, das in erster Linie das Ziel verfolgt, Fähigkeiten für das Leben im Erwachsenenalter zu entwickeln. Das kindliche Spiel zeigt hier lediglich Ähnlichkeiten zum Spiel der Tiere, die z.B. im spielerischen Verhalten das Kämpfen üben, sich aber anders verhalten (nicht zubeißen aufgrund einer sogenannten Beißhemmung) als dies im realen Kampf der Fall wäre. Das Tier lernt und trainiert sein Verhalten im Spiel und sammelt Erfahrungen, die es im Ernstfall braucht. Hier gibt es durchaus eine Parallele zum kindlichen Spiel und den »spielerisch« gesammelten Erfahrungen für das Sozialverhalten. Und doch ist das kindliche Spiel weitaus komplexer und differenzierter zu betrachten. „Beim Menschen schließlich erreicht das Spiel eine einzigartige Komplexität. Das Spiel verliert seine Beschränkung auf das Kindesalter und schließt spezifisch menschliche Fähigkeiten wie den Erwerb der sprachliche Symbolisierung und Grundformen der kulturellen Integration ein (Papoušek, H.

in: Papoušek, M. v. Gontard, A. (Hrsg.) 2003:25f)“ (Renner 2008, S. 26). Es geht im menschlichen Spiel nicht um die Sicherung existenzieller Bedürfnisse und es ist nicht lediglich ein Phänomen der Kindheit, sondern auch des Erwachsenenalters.

Ein Exkurs auf das kindliche Spiel gelingt mit einem Kinderbuch von Gudrun Mebs (1997) und verdeutlicht die lustbetonte, die beziehungsvolle und emotionsbetonte Seite auf eindrückliche Weise:

»Oma«, schreit der Frieder und zupft an Omas Rock. »Oma, ich möchte so gerne Fußball spielen. Spiel mit mir!« »Ja lässt du mich gleich los, Bub!« zetert die Oma. »Eine alte Frau ist doch kein D-Zug. Und ein Fußballspieler schon gar nicht, dass du's nur weißt. Ich muss jetzt bügeln!« Und damit verschwindet sie in der Küche. Frieder mault hinterher: »Nie und nie spielst du mit mir, dumme Oma!« Aber er *mault* nur leise, damit die Oma es nicht hört, und dann zieht er ab ins Kinderzimmer. Wenn die Oma nicht will, dann will sie nicht, das weiß er schon längst. Im Kinderzimmer greift der Frieder missmutig nach dem Fußball. Schön ist der, groß und schwer und schwarzweiß, wie in echt. Missmutig lässt er ihn über den Boden kullern. Kickt ein bisschen dagegen. Hebt ihn auf. Lässt ihn wieder fallen. Blöd. Niemand spielt mit ihm, und Fußball schon gar nicht. Wo er doch grad so Lust drauf hat. [...] »Jetzt gehen wir in den Park, ja? Zum Fußballern!« Und Ball, Frieder und Oma ziehen in den Park. Und dort spielen sie, bis sie müde werden. Oma und Frieder. Der Ball nicht. Aber die meisten Tore, die hat die Oma geschossen“ (Mebs 1997, S. 35ff.).

Der Erziehungswissenschaftler Hans Scheuerl (1965, S. 68ff.) ist sich in seinen Forschungen zum Thema Spiel der Uneinheitlichkeit des Begriffs »Spiel« bewusst, dennoch benennt er sechs Wesensmerkmale:

1. *Den Moment der Freiheit*
2. *Die Tendenz zur inneren Unendlichkeit*
3. *Die Scheinhaftigkeit im Spiel (Tun-Als-ob)*
4. *Die Ambivalenz im Spiel*

5. *Den Moment der Geschlossenheit*
6. *Den Moment der Gegenwärtigkeit*

1. Moment der Freiheit

Kinder spielen, um des Spielens willen, nicht weil sie müssen oder es befohlen bekommen, es bereitet ihnen Vergnügen. „Freies Handeln schließt jede Form von befohlenen Spielen aus“ (Renner 2008, S. 49). Das kindliche Spiel verfolgt den Moment der Freiheit, keinen außerhalb seines selbst liegenden Zwecks. „Zum Merkmal der Freiheit gehört das Freisein von etwas. Spiel ist frei von äußeren Zwecken, dennoch verläuft Spiel in zweckvollen inneren Zusammenhängen. Die Freiheit von äußeren Zwecken ermöglicht Spielhandlungen, ohne dafür in der Realität verantwortlich zu sein. In diesem Sinn ist Spiel eine Aktivität außerhalb existenzieller Notwendigkeit“ (Renner 2008, S. 50). Es ist der Moment der Freiheit, der das Spiel vom sozialen Alltag abgrenzt, ein Moment, der frei ist von gesellschaftlichen oder personengebundenen Anforderungen an das Kind. Das Besondere dabei ist, dass das Spiel den Bezug zum erlebten Alltag dennoch nicht verliert und ihm damit eine druckentlastende Wirkung zukommt.

2. Tendenz der inneren Unendlichkeit

Wenn Kinder spielen, tun sie dies nicht unendlich, jedes Spiel hat ein Ende, das Spielbedürfnis ermüdet, die Ablenkung ist zu groß, es macht keinen Spaß mehr, das Spielende hat ebenso viele Gründe wie sein Anfang. Dennoch wird das Kind des generellen Spielens nicht müde, es gibt keinen Sättigungsgrad, nach dem Motto »jetzt habe ich genug gespielt für mein Leben«. Es existiert demnach eine innere Unendlichkeit des Spiels. Dazu kann die Frage aufgeworfen werden: Warum spielen Kinder, was motiviert sie zum Spiel? Ist es die Motivation, sich frei zu fühlen? Geht es darum, sich von einem äußeren Druck zu befreien, sich durch das Spiel zu entlasten, oder darum, einen gewissen Spielhunger zu stillen? Renner sieht den Übergang von Müssen, Aufgabe und Pflicht zum zweckfreien Spiel als eine prozesshafte Erfahrung an (vgl. Renner 2008, S. 52). Um sich frei von etwas zu fühlen, frei zu werden von etwas, bedarf es zunächst einer Befreiung von der Bedürfnissspannung unbedingt frei werden zu wollen von Druck, Pflicht und/oder Erwartungen. »Fühl dich frei« ist eine Aufforderung, die ein Paradox beinhaltet, allein durch die Aufforderung, sich hier und jetzt auf den Punkt frei zu fühlen schließt ein Freiheitsgefühl geradezu aus.

Das kindliche Spiel ist nicht zu erzwingen, kann nicht zum Pflichtprogramm erhoben werden, ohne dabei seinen typischen Charakter zu verlieren. „'Hält man sich rein an das phänomenal Gegebene, so erscheint das Spiel nicht als Weg, sich von Notdurft zu befreien, sondern als jubelnder Ausdruck dafür, dass man von ihr schon befreit ist (Scheuerl, H. 1977:74)" (Renner 2008, S. 52).

3. Scheinhaftigkeit

Wenn das Kind spielt, dann befindet es sich nicht im »echten« Leben, es kann im Spiel so »tun als ob« und sich Dinge, Personen, all das, was es im Spiel haben möchte, ausdenken. Das bedeutet nicht, dass das Spiel des Kindes nicht auch ernsthafte Momente hat, die aus der sozialen Realität ins Spiel einfließen. So kann es die Mutter- oder Vaterrollen ernsthaft einnehmen, ohne dabei dieselbe Verantwortung zu tragen wie dies in der Realität der Fall ist. „Der spielende Mensch ist nicht vom Schein und Ernst ergriffen, sondern von den zugrunde liegenden Bildern" (Renner 2008, S. 54). Es ist ein besonderes Merkmal des Spiels, dass in ihm Bilder aus erinnerten Erfahrungen wiedergegeben, dargestellt und im Spiel bewegt werden. Das spielende Kind bedient sich dieser inneren Bilder und zwar mit Bildern, die es bewegt. Im Spiel »bildet sich das Kind etwas ein«, das wiederum findet im Spiel einen Ort der Möglichkeiten und Fantasie. Damit bleibt das ›so Tun-Als-ob‹ im Spiel ein scheinhaftes Tun, ohne Konsequenzen, Ernst oder notwendige Verantwortungsübernahme. Im Spiel wiederum macht sich das Kind sein eigenes Bild von der Welt und der subjektiv erlebten Wirklichkeit.

4. Ambivalenz

Wenn der Raum des Spiels verstanden wird als »Reich des Scheins und der Fantasie«, dann wird deutlich, dass die Wirklichkeit im Spiel klein wird und durch den Wegfall der Konsequenzen und der Verantwortungsübernahme des Tuns als »leicht« empfunden wird. „Ambivalenz ist ein Zustand der Unentschiedenheit, in der Gegensätze in einem offenen, noch unentschiedenen Spannungsverhältnis zueinander stehen. Dieses Spannungsverhältnis ist zugleich Voraussetzung für Freiheit im Spiel. ‚Die Freiheit des Spiels besteht geradezu darin, dass jede Festlegung und Fesselung an einen eindeutigen „Aktionstunnel" fehlt' (Scheuerl, H. 1977:90)" (Renner 2008, S. 58). Im Spiel geht es immer wieder um das Ausbalancieren von Bekanntem und Unbekannten, die Ambivalenz zwischen Binden und Gebundensein, zwischen Realität und Fantasie.

5. Moment der Geschlossenheit

Unter dem Moment der Geschlossenheit wird die zeitliche und räumliche Begrenzung des Spiels verstanden. Spiel findet unter der Bedingung statt, dass es eingegrenzt wird, bzw. Grenzen wahrgenommen werden. Dadurch erhält das Spiel seine Gestalt. „[E]in in geschlossener Form von Raum und Zeit gespieltes Spiel bleibt in Erinnerung, wird Kulturelement, wird wiederholbar" (Renner 2008, S. 60). Der Moment der Geschlossenheit ist kein Widerspruch zur Freiheit im Spiel, vielmehr verdeutlicht dieser Moment, dass frei zu spielen ohne Zwang und Druck nicht ausschließt, dass Regeln, Gesetze und Begrenzungen im Spiel existieren. Gerade die Einhaltung dieser Ordnungselemente des Spiels bestimmen ob das Spiel »in Ordnung« ist oder Störungen aufweist (vgl. Renner 2008; S. 61).

6. Moment der Gegenwärtigkeit

Im Spiel existiert ein anderes Zeitgefühl. Kinder spielen im »Hier und Jetzt«, ihr Zeitgefühl ist dabei entweder be- oder entschleunigt, oder existiert für den Moment gar nicht. Damit ist das kindliche Spiel gebunden an den Augenblick, in dem es stattfindet. „Zweckfreiheit, Scheinhaftigkeit und innere Unendlichkeit stehen mit dem Merkmal Gegenwärtigkeit in enger Verbindung, es ist, als würde die Zeit angehalten" (Renner 2008, S. 62).

1.4 Zusammenfassung

Das Spiel hat seit jeher eine besondere Stellung innerhalb gesellschaftlicher Strukturen, es begleitet die menschliche Entwicklungsgeschichte in unterschiedlich kultureller Art und Weise. Dem Spiel kann somit mehr zugeschrieben werden als lediglich der Gegenpol zur Arbeit und dem Ernst des Lebens zu sein. „Immer wieder rückt das Spiel in die Position eines Instruments ein, durch das der Wert des Spiels begründet wird. Es sollen pädagogische Ziele erreicht werden, die über das Spiel hinausgehen. Das Spiel selbst hat keinen pädagogischen Wert. Dieser muss ihm erst verliehen werden. Und dies geschieht entweder so, dass man ihm eine funktionale Bedeutung für Selbst- oder Identitätsbildungsprozesse zuschreibt oder dadurch, dass es als Instrument oder Form in eine pädagogische Vermittlungspraxis bzw. Entwicklung eingebaut wird" (Schäfer u. Thompson 2014, S. 10). Das entspricht dem rein funktionalen Blick auf das kindliche Spiel, dagegen gehalten werden kann weit über den kindlichen Prozess hinaus und der spielerischen Aneignung der Welt, dass dem Spiel ein Eigenwert zugesprochen werden kann. Im Spiel wird die Wirklichkeit auf eine bestimmte Art und Weise aufgehoben, das spielende Kind darf so tun als ob, das Spiel selbst wird dadurch nicht

»unwirklich«. Jedoch auch wenn das Spiel an sich nicht unwirklich für das Kind erlebt wird, bestimmt das kindliche Spiel eine gewisse *unwirkliche* Wirklichkeit, welche sich dadurch erklären lässt, dass der reale Alltag nicht zum strukturierenden Moment des Spiels wird. Die alltägliche Logik ist im Spiel außer Kraft gesetzt. Das Kind spielt, was es will, die spielerische Abfolge passt es je nach Bedürfnis, Spielpartner, Situation, Gefühl und vielem mehr immer wieder an. Wenn gespielt wird, dass die Mutter im Rollenspiel stirbt, kann sie im nächsten Moment auch wieder Kuchen backen oder verkleidet als Vogel mitspielen. Die spielerischen Wirklichkeiten sind gemessen am Ethos gesellschaftlicher Verantwortungszuweisung und moralischer Autonomievorstellungen eher a-moralisch. Dabei ist der Begriff des A-moralischen nicht etwa mit dem Unmoralischen zu verwechseln, vielmehr geht es an Stelle einer Negation moralischer Regeln, um ihre Einklammerung und Aussetzung, damit sich Freiheitsgrade für Selbstpositionierungen ergeben können. Spiele sind dabei nicht frei in einem chaotischen Sinne, sondern die Freiheit des spielerischen Handelns unterliegt selbst bestimmten Regeln“ (vgl. Schäfer u. Thompson 2014, S. 13). Und genau diese Regeln unterscheiden das Spiel vom sozialen Alltag, es wird zu einem Raum in welchem Leistungsdruck, gesellschaftliche Erwartungen und Anforderungen wegfallen und/oder spielerisch überwunden werden. Das kindliche Spiel wird so zu einer Beschäftigung und Tätigkeit, die ihren Zweck allein in sich selbst trägt. Das Spiel wird zu einem erlebten Gefühl von Freiheit. Im Spiel kann das Kind seine äußerlichen Erfahrungen verinnerlichen und ebenso verinnerlichte Lebenserfahrung nach außen tragen, damit kann es als eine Form verstanden werden, Erfahrungen zu vertiefen, zu verarbeiten, einzuordnen, neu zu formatieren und es ist, um die zu Beginn aufgeworfene Frage nach dem Ernst des Spiels zu beantworten, ein wertvolles (Ur-) Phänomen und nicht zu reduzieren auf kindliches Verhalten.

Kapitel 2

2 Spiel und kindliche Entwicklung

In diesem Kapitel lernen Sie die Bedeutung des Spiels für die kindliche Entwicklung kennen. Eingenommen wird zunächst die psychoanalytische Perspektive, welche verdeutlich, dass dem kindlichen Spiel eine »entwicklungsreinigende« Wirkung zugesprochen werden kann, indem das Kind soziale Erfahrungen so lange wiederholt bis diese in der Psyche verarbeitet sind.
Es folgt eine Perspektive, die das Spiel als Phänomen fokussiert, um seinen Wesensgehalt entsprechend einer phänomenologischen Sicht zu erfassen.
Zuletzt wird das kindliche Spiel aus handlungstheoretischer Sicht betrachtet, hier werden drei Handlungsebenen unterschieden: Tätigkeit, Handlung und Operation, um die unterschiedlichen Motive des spielerischen Handelns im Sinne Leontjew (1973) zu verdeutlichen und in Bezug zum spielerischen Handeln zu setzen. Im gesamten zweiten Kapitel geht es um die Funktion und Wirkung des kindlichen Spiels auf die gesamte Entwicklung des Kindes.

2.1 Die psychoanalytische Perspektive

Nimmt man eine psychoanalytische Perspektive ein, stößt man unweigerlich auf den Begründer der Psychoanalyse, den österreichischen Neurologen, Tiefenpsychologen, Kulturtheoretiker und Religionskritiker Sigmund Freud (* 1856 in Příbor, Tschechien,

† 1939 in London, England), der sich anhand der Themen Humor, Witz und Lust dem kindlichen Spiel näherte, ohne eine Theorie des Spiels aufzustellen. Er setzt die Bedeutung des kindlichen Spiels für die Entwicklung in den Zusammenhang von Triebverzicht und Ersatzbefriedigung, d.h. das Spiel ermöglicht es dem Kind, seine sozialen Erfahrungen, die es mit Unlust verbindet, abzureagieren und die lustvollen Wünsche zu erfüllen, die in der realen Welt nicht erfüllt werden bzw. wurden. Damit wird das Spiel aus psychoanalytischer Sicht zum Gegenstand einer Ersatzbefriedigung (vgl. Mogel 2008, S. 20). Sigmund Freud nennt dieses Prinzip das »Lustprinzip«, welches er im »ES« verortet: „Der Bereich des ‚ES' ist der Bereich, aus dem Triebregungen, Wünsche und das menschliche Bedürfnis nach paradiesischen Zuständen kommt. [...] Menschliches Verhalten wird durch individuelle Bedürfnisse beziehungsweise Wünsche motiviert, sofern nicht äußere Hindernisse oder innere Hemmnisse (Forderungen, Verbote oder individuelle Grenzen) die Befriedigung dieser Wünsche verhindern. Kulturelle und gesellschaftliche Normen und Moral führen zu einer Unterdrückung der Triebregungen aus dem Es" (Renner 2008, S. 65). Das Verhalten, welches bewusst und dem Realitätsprinzip folgend handelt, liegt der Freudschen Theorie folgend im »ICH« begründet. „Den dritten Bereich, in dem das Realitätsprinzip mit den Normen der Kultur und der Moral und den gesellschaftlich-kulturellen Werten zusammentrifft, nennt Freud das ‚Über-Ich'" (vgl. ebd.). Das »ÜBER-ICH« kontrolliert, zensiert und erlaubt oder verbietet somit die Bedürfnisse und Wünsche eines Individuums. Kinder werden erst phasenweise vom »ÜBER-ICH« kontrolliert. Insbesondere im Spiel werden die Konflikte der Bedürfnisse und Wünsche durch Fantasie außer Kraft gesetzt. Im Spiel wird eine eigene Welt, mit eigenen Regeln und entsprechenden »Lösungen« entworfen. In der Welt des Spiels kann das lustvolle, leidvolle und sowohl das Unmögliche als auch Mögliche so oft wiederholt werden, wie es dem,

der spielt, gefällt. Dabei ist auch das Leidvolle, Erfahrungen von Schmerz, Verlust und Angst, Teil des Spiels und die Wiederholung im Spiel hat für die Verarbeitung dieser »negativen« Erfahrungen eine ebenso bedeutungsvolle Rolle, wie die lustvolle Erfahrung im Spiel und die Möglichkeit, sich hier kreativ keine Grenzen setzen zu müssen. Kinder verarbeiten im Spiel auf kreative und spielerische Art und Weise ihre Erlebnisse, sie schaffen sich damit einen Raum, der ihnen ermöglicht etwas zu schaffen, was sie noch nicht in der Wirklichkeit bewältigen. Das Spiel kann somit als ideale »Plattform« kindlicher Übung verstanden werden. Der Kindertherapeut Hans Zulliger spricht in diesem Zusammenhang von einer heilenden Funktion des Spiels (vgl. Zulliger 2007, S. 109).

Psychoanalytische Spieltheorien vertreten die Ansicht, dass das Spiel auf einen Impuls zurückzuführen ist, um soziale Erfahrungen zu bewältigen. Aus dieser theoretischen Perspektive kann dem kindlichen Spiel aufgrund der Möglichkeit der Erfüllung von Triebwünschen eine kompensatorische Wirkung zugesprochen werden. Das Kind kompensiert im Spiel Versagungen, Hindernisse werden überwunden, unbewältigte Erfahrungen wiederholt und das geschieht so lange bis diese verarbeitet sind. „In den psychoanalytischen Überlegungen Freuds wird Spiel als subjektive Welt des Kindes betrachtet. Diese subjektiven Welten werden reduziert auf die libidinösen und ehrgeizigen Ansprüche und Wünsche des Kindes. Spiel und Wirklichkeit entsprechen also getrennten Welten“ (Renner 2008, S. 70). Aus der Perspektive der Psychoanalyse ist es zudem interessant hinzuschauen, wie Kinder im Unterschied zu Erwachsenen denken. Kindliches Denken ist aus der Sicht des Kinderanalytikers Hans Zulliger nicht »logisch«, oder »kausal« und »vernunftorientiert« sondern vielmehr animistisch und magisch (vgl. Zulliger 2007, S. 23). Im kindlichen Spiel wird dieses magische Denken sichtbar, es wird zur »Sprache« des Kindes und damit wird das Spiel zu einer Form der Kommunikation des Kindes, die einen Verstehenszugang in der Psychoanalyse ermöglicht. Geht man davon aus, dass sich das Kind im Spiel die Außenwelt aneignet und sie mit Hilfe des magischen Denken, der Kreativität und Fantasie meistert, gewinnt das kindliche Spiel eine erfahrungsrelevante Bedeutung für das Kind. Das kindliche Spiel gibt somit Aufschluss über die Denkweise des Kindes, seine bisher erlebten Erfahrungen und damit in Verbindung stehenden Entwicklungsaufgaben. Freud war seiner Zeit überzeugt, dass das kindliche Spiel die Ausgangsform darstellt für das spätere spielerische Denken und die Form des Witzeerzählens im Erwachsenalter: „He suggested that adults create fantasy (much of it internal) rather than continuing to play as children do. Freud discussed how the joking behaviour of adults emerges from children's play by describing how children's playful activity is often the earliest form of humour expression, marked by exuberance and nonsensical quality. He saw joking as a form of playful thought in later childhood and adulthood, and he asserted that ‚the pleasure in a joke is derived from play with words or from the liberation of nonsense' (Freud 1960, S. 287)" (Brooker, Blaise, Edwards 2014, S. 14).

Wird das kindliche Spiel aus psychoanalytischer Sicht therapeutisch genutzt, ist es eine Technik, „bei welcher dem Kinde keinerlei unbewusste Vorgänge durch Deutung bewusst gemacht werden und sich trotzdem eine dauernde Heilung einstellt" (Zulliger 2007, S. 109). Für die Pädagogik bedeutsam ist der »natürliche« Einblick in die subjektiv erlebte Welt des Kindes und das Ermöglichen, spielerisch Erfahrungen zu sammeln und damit anstatt zu belehren, dem Kind Erlebnisse zuzugestehen, die es aus sich selbst heraus kreativ schafft. Es sind die selbsterarbeiteten Antworten, die Erwachsene wie auch Kinder befriedigen und Entwicklungsmöglichkeiten darstellen (vgl. Zulliger 2007, S. 122).

Der britische Kinderarzt und Psychoanalytiker D. W. Winnicott unterscheidet das »Spiel« vom »Spielen«. Für ihn ist das »Spielen« eine therapeutische Form, die sowohl mit Kindern als auch mit Erwachsenen genutzt werden kann, und über die verbale Kommunikation bei beiden therapeutisches Material zur Verfügung stellt. Er hält fest: „Ich bin der Meinung, dass wir uns darauf einstellen müssen, dass Spielen in der Analyse von Erwachsenen genauso Aussage ist wie in unserer Arbeit mit Kindern. Es manifestiert sich beispielsweise in der Wortwahl, in der Stimmführung und ganz sicher in der Stimmung“ (vgl. Winnicott 2012, S. 51). Das Spielen ereignet sich nach Winnicott weder im Innern, d.h. es ist nicht Teil der intrapsychischen Realität, vielmehr liegt es außerhalb des Individuums, ohne dabei Teil der äußeren Welt zu sein. Es ist nicht ein Teil der Welt, der vom Individuum als real Äußeres anerkannt werden muss. Spielen ist für Winnicott ein Handeln; um die Welt außerhalb der magischen Kontrolle zu kontrollieren muss das Individuum handeln, ein reines Denken, oder Wünschen, die magische Vorstellungskraft reichen nicht aus (vgl. Winnicott 2012, S. 51). Um jedoch zu handeln braucht es Zeit und es braucht einen Raum, der dieses Handeln ermöglicht. Im Spiel sorgt das Kind für genau diese Faktoren, damit ist das kindliche Spiel für Winnicott Ausdruck von Gesundheit, da es Entwicklung und Reifung ermöglicht (vgl. ebd.). „Der wesentliche Teil des Spielens liegt darin, dass es stets mit einem gewissen Wagnis verbunden ist, das sich aus dem Zusammenwirken von innerer Realität und dem Erlebnis der Kontrolle über reale Objekte ergibt“ (Winnicott 2012, S. 59). Spiel ist aus der psychoanalytischen Perspektive eine schöpferische Erfahrung des Kindes, „eine Erfahrung im Kontinuum von Raum und Zeit, eine Grundform von Leben“ (Winnicott 2012, S. 62). Damit es für die Psychoanalyse eine Form des Spiels ist, die therapeutisch nutzbar ist, spielen Aspekte wie Spontanität des Spiels ohne Anpassungsdruck und Gefügigkeit eine bedeutende Rolle. Wesentliche Aspekte des psychoanalytischen Verständnisses vom kindlichen Spielen sind das Vertieftsein im Spiel, das Vorhandensein von Vertrauen, die Beteiligung vom Körper und das damit verbundene Empfinden des

Kindes, als Mensch zu existieren, sowie der Aspekt der Befriedigung, die durch das Spiel einsetzen kann (vgl. Winnicott 2012, S. 64).

Winnicott betont in seiner psychoanalytischen Sicht auf das kindliche Spiel immer wieder die Kreativität. Darunter versteht er eine bestimmte eingenommene Haltung gegenüber der äußeren Wirklichkeit. Er vertritt die Ansicht, dass es diese Form der Kreativität ist, die dem Menschen eine Sicht auf die Welt gibt, die das Leben lebenswert macht, auch aufgrund eines Erlebens von selbst schöpferisch sein zu können (vgl. Winnicott 2012, S. 78). Die stetige Wiederholung von realen Erfahrungen im kindlichen Spiel ist für Winnicott eine schöpferische Leistung des Kindes, um Erfahrungen zu verstehen, zu verarbeiten und Ängste abzubauen. Ein Beispiel soll dies abschließen verdeutlichen:

Beispiel:

„Ein Kind, agiert in seinem Spiel über längere Zeit immer wieder als Räuber in einem Haus. Dieser betritt die Wohnräume jedoch nicht, sondern handelt immer im Keller oder auf dem Dachboden. Dieser Räuber wird in jeder Spielsequenz gejagt, kann jedoch nicht gefangen werden. Die Mutter erzählt, der Junge würde sich sehr von ihr zurückziehen, Gespräche und Kontakte vermeiden und überhaupt nicht mehr spielen, außer in der heilpädagogisch begleiteten Spielsituation. Ihre Spielanregungen zu anderen Themen und Inhalten würde das Kind abwehren oder ignorieren. Eines Tages spielt der Junge wieder die Räuberszene, diesmal jedoch wird der Räuber mit einem großen Polizeiaufgebot gejagt und „zufällig“ durch eine „verirrte“ Kugel am Fenster des Dachbodens erschossen. Die Mutter erzählt am selben Tag, dass der Vater eine Freundin hat und zu Hause ausgezogen sei. Sie habe dem Jungen erzählt, der Vater sei auf einer großen Geschäftsreise. Wie sich etwas später herausstellte, wusste der Junge von Anfang an, dass der Vater ausgezogen war. Er hatte ihn mit Koffern und Gegenständen aus dem Haus gehen sehen und mit der Freundin in einer eindeutigen Situation in der Stadt beobachtet“ (Renner 2008, S. 66).

Aus psychoanalytischer Sicht wird hier die Erfahrung mit dem anwesenden und zugleich abwesenden Vater zwanghaft vom Kind wiederholt als Folge der Angst, den Vater für immer zu verlieren (vgl. Renner 2008, S. 67). Wichtig ist aus pädagogischer Sicht die Ergänzung, dass Wiederholungen im kindlichen Spiel nicht allein Folge traumatischer Erfahrungen sein müssen, sondern auch alltägliche Erfahrungen, die besondere Freude gemacht haben, freudig erwartet werden oder Erfahrungen, etwas zu können, oder bewältigen zu wollen, was man noch nicht beherrscht, wird den Anlass zur Wiederholung geben (vgl. Renner 2008, S. 67).

2.2 Die phänomenologische Perspektive

Nimmt man eine phänomenologische Perspektive auf das kindliche Spiel ein, ist es zunächst sinnvoll, einen kurzen Exkurs in das Theoriekonzept der Phänomenologie zu unternehmen. Das Wort »Phänomen« (griechisch: pheinomenon: das Erscheinende) verweist in seiner Verbindung mit »Logos« (griechisch: die Lehre) auf eine Theorie, in der es um Erscheinungen geht. Bei diesen Erscheinungen kann es sich um Fakten, Gegenstände, um subjektiv erlebte Wirklichkeit und/oder das Wesen einer Sache handeln; es sind Erscheinungen, die ins Bewusstsein treten (vgl. Renner 2008, S. 48). „Obwohl der Begriff ‚Phänomenologie' auf den Mathematiker und Philosophen J.H. Lampert zurückgeht, der damit 1764 in seinem ‚Neuen Organon' eine Theorie der Erscheinungen bezeichnete, und sowohl zahlreiche Autoren des 19. Jahrhunderts diesen Begriff als philosophischen Terminus verwendeten, z.B. Hegel in seiner ‚Phänomenologie des Geistes', gilt Edmund Husserl (1859–1938) als eigentlicher Begründer der Phänomenologie" (Krüger 2012, S. 119).

Der Erziehungswissenschaft dient die Methode der Phänomenologie, um Strukturen der Erscheinungen innerhalb der sozialen Welt in ihrem Wesen zu erfassen. Zum Wesen der Erscheinungen vorzudringen, einen Verstehenszugang zu sozialen Verhaltensweisen, Umgangsweisen, Wahrnehmungen, dem Selbst- und Welterleben von Subjekten zu erlangen kann als eines der wesentlichen Ziele der phänomenologisch geleiteten Sozialforschung genannt werden. Insbesondere in der Hinwendung zum pädagogischen Alltag, der Fokussierung auf soziale Phänomene und subjektive Wahrnehmung, kann dem phänomenologischen Forschungskonzept Stärke zugesprochen werden. Auch wenn sich daneben kritisch anmerken lässt, dass sie die gesamtgesellschaftlichen Bedingungen pädagogischen Handelns in Gestalt von Machtverteilung und Chancenungleichheit kaum berücksichtigt (vgl. Krüger 2012, S. 125).

Phänomenologisch ist jedoch die Frage interessant, wie pädagogisches Verstehen stattfindet, denn die Pädagogik „muss sich zuallererst mit dem Wahrnehmen und Herausfiltern erziehungswissenschaftlich relevanter Phänomene beschäftigen. In der Erziehungswissenschaft gibt es keine Fakten, die man unabhängig von Gedanken oder Erfahrungen, die man gemacht hat, vorfinden könnte. Die Angst eines Kindes, seine Denkprozesse, seine Bildungswege lassen sich nicht wie Dinge einfach von außen beschreiben. Beschreibbar sind bestimmte äußere Verhaltensmerkmale. Sie als Zeichen von Angst, Denken oder Lernprozessen zu bezeichnen, setzt voraus anzunehmen, dass diese Zeichen bei jemand anderem das Gleiche bedeuten, wie bei einem selbst; dass andere Menschen vermutlich genauso wahrnehmen, empfinden, fühlen, erkennen oder denken wie man selbst. Nur mit dieser Unterstellung lassen sich bestimmte Verhaltensweisen als Erlebnisse, Gedanken oder Bildungsprozesse identifizieren“ (Schäfer 2004/05, S. 1).

Renner stellt die phänomenologische Vorgehensweise vereinbacht wie folgt dar:

(1) Die Frage nach dem *Sinngehalt eines Gegenstandes,* Sprache hat hier-

bei eine wichtige Funktion, weil sie zwischen Gegenstand und Subjekt vermittelt.
(2) Die *Beschreibung des Phänomens.* Phänomene sind anschaulich und bedürfen der Beschreibung. Die Beschreibung geschieht nicht nur äußerlich, sondern beschreibt auch das nicht äußerlich Erkennbare, zum Beispiel das Beschreiben von Bewusstseinsvorgängen.
(3) Die *Abgrenzung* des *zu* untersuchenden Phänomens gegenüber *anderen Phänomenen.*
(4) Vergleich des zu untersuchenden Phänomens mit anderen Phänomenen.
(5) Erfassung der historischen Einflüsse des Phänomens.
(6) Erfassung der psychologischen Einflüsse eines Phänomens.
(7) Nachdenken über Ursache, Zusammenhänge und Folgen eines Phänomens (vgl. Banki, F., Rothe, F.K. 1978, S. 34ff.) (Renner 2008, S. 49).

Die phänomenologische Perspektive auf das kindliche Spiel geht in diesem Zusammenhang der Frage nach dem Wesen und den Erscheinungsformen des Spiels nach. Es geht dabei aus phänomenologischer Sicht um das Wahrnehmen des kindlichen Spiels und Wahrnehmen ist nicht theoriefrei. Wir nehmen das wahr, wofür wir im Alltag Kategorien des Denkens haben. Diese Kategorien stammen einerseits aus den gesammelten Erfahrungen im sozialen Alltag, andererseits stehen sie in Verbindung mit erworbenem und vermitteltem kulturellen Erbe und Theorien welche dieses kulturelle Erbe reflektierbar machen (vgl. Schäfer 2004/05, S. 2).

Die Kategorien des Spiels bilden wir mit dem theoretischen Wissen über die Wesensmerkmale, wie die Momente der Freiheit, Geschlossenheit und der Gegenwärtigkeit, die Ambivalenz des Spiels, die Tendenz der inneren Unendlichkeit und die der Scheinhaftigkeit. Alle sind bereits dargestellt worden, sind jedoch für die Auseinandersetzung mit der Phänomenologie des Spiels von zentraler Bedeutung.

Aus phänomenologischer Sicht gilt es ein Phänomen – hier das Spiel des Kindes – in seinem ganzen Wesen zu verstehen.

Spiele und das Spielverhalten der Kinder werden dann nicht allein in der Außenansicht beschrieben, sondern auch wahrgenommene Befindlichkeiten des Beobachters etc. werden erfasst. „Husserl zeigt in seiner phänomenologischen Vorgehensweise, wie dies gelingen kann. Hierzu greift er auf, wie Erlebnisse verständlich werden und durch die Rückführung (Reduktion) des Bewusstseinsinhaltes auf das Wesen einer Sache nur noch das Wesen (das Wesentliche) übrigbleibt. Alles unwesentliche Zubehör, alles Variable entfällt. Übrig bleibt nur das Wesentliche beziehungsweise das, was das Wesen auszeichnet“ (Renner 2008, S. 48). Es geht also aus dieser Perspektive darum, das Phänomen »Spiel« in seinem Wesen mehrperspektivisch zu erfassen und auch die unsichtbaren Seiten ins Bewusstsein zu holen.

Eine kurze Fallgeschichte soll verdeutlichen, was mit einer mehrperspektivischen Sicht theoretisch gemeint ist:

A. (5; 10) ist mit seinem jüngeren Bruder D. (4; 9) halbtags im Kindergarten untergebracht. Er ist für sein Alter recht groß, wodurch sein geistiger Entwicklungsstand häufig überschätzt wird. A. gilt im Kindergarten als überaus sensibles, etwas schüchternes, aber auch ernsthaftes Kind, und es bestehen von Seiten der Kindergartenleiterin sowie der Lehrerin Bedenken wegen seiner Schulreife. Die Eltern bestehen jedoch auf den Schuleintritt, sind allerdings etwas verunsichert und meinen, dass A. schon noch recht verspielt sei. Im Übrigen hat er große Angst vor allem Neuen. Beim Eintritt in den Kindergarten hat er viel geweint und auch jetzt bei der Schuleinschreibung ist er der Lehrerin durch Weinen aufgefallen. A. besitzt Zuhause [sic] gemeinsam mit seinem Bruder einen ganzen Berg von Science-Fiction-Spielzeug, das er mir bei meinem Hausbesuch präsentiert. Die Mutter entschuldigt sich etwas verlegen damit, dass sie viel von der Verwandtschaft geschenkt bekommen. Auffallend ist, dass A.’s Wünsche nach weiterem Spielzeug schier unersättlich sind, obwohl er schon so viel besitzt; u.a. wünscht er sich auch den neuen He-Man, was seine Mutter aber nicht einsieht, weil er schon die ganze alte Serie besitzt. Zum damaligen Zeitpunkt war er gerade ein besonderer Fan der Ghostbuster, von denen er auch einige zum Spielzeugtag (in den Kindergarten) mitbrachte. Die Kindergartenleiterin wundert sich darüber, dass ein so sensibles Kind wie A. mit so scheußlichem Spielzeug umgeht und sie hatte den Verdacht, dass er dadurch in letzter Zeit aggressiver geworden ist“ (Favier 1992, S. 251).

Das hier beschriebene Kind kann an dieser Stelle nicht fallspezifisch betrachtet werden, das würde den inhaltlichen Rahmen des Lehrbuches einerseits verzerren und auch verfehlen. Vielmehr geht es darum, den phänomenologischen Aspekt und die Notwendigkeit des mehrperspektivischen Betrachtens in der Elementarpädagogik hervorzuheben und am Beispiel kurz zu skizzieren.

Ein schüchterner Junge spielt mit Science-Fiction-Figuren, seine Vorliebe dafür könnte auf emotionaler Ebene begründet sein; ängstliche Kinder drücken in starken Figuren möglicherweise den eigenen Wunsch nach Stärke aus. Er selbst beherrscht die Figuren, von denen er nicht genug haben kann, durch Wissen und Besitz. Auch der ökonomische Aspekt kann auf den Fall gerichtet werden – es handelt sich um Konsumspielzeug, welches Massen anspricht und sich gut verkauft. Kinder müssen damit nicht zwingend gut oder gerne spielen, sie wollen dieses Spielzeug haben, weil es »angesagt« ist und sie zu der angesprochen Zielgruppe dazu gehören wollen. „Seine Ängstlichkeit, Unsicherheit und sein ungeklärtes Verhältnis zur Aggressivität hat aber auch einen lebensweltlichen Kontext“ (Schäfer 2004/05, S. 6). Die Figuren können sich verwandeln, neuen Situationen gut anpassen. A. hat vor neuen Situationen und dem Eintritt in die Schule Angst, ein Wunsch, sich anpassen zu können, kann somit in der Faszination des Spielzeugs begründet sein. Auch der familiäre Kontext, das sich Lösen vom Elternhaus, steht beim Eintritt in der Schule im Kontext der Vorliege für kämpferisches Spielzeug. Die Figuren verkörpern Mut und Unabhängigkeit.

„In diese Interpretationen gehen also wenigstens vier unterschiedliche Wahrnehmungs-, und Denkperspektiven mit ein: Eine emotionale, eine lebensgeschichtliche, eine ökonomische, eine familiäre“ (Schäfer 2004/05, S. 7). Die Betrachtung des Phänomens Spiel kann noch vielfältiger betrachtet werden, dennoch sollte anhand des Beispiels die Mehrperspektivität der Betrachtung deutlich geworden sein.

Schaut man das Spiel nun mit Hilfe eines spielerischen Verständnisses an, nämlich im Sinne der „Ästhetik der Existenz“ nach einem Verständnis des Phänomenologen Michel Foucault, geht es beim spielerischen Handeln um eine Freiheit, die einerseits die Wirklichkeit wahrnimmt und respektiert und zugleich ignoriert und auch verletzt (vgl. Schäfer u. Thompson 2014, S. 28). Das Spiel folgt seiner ganz eigenen ästhetischen Logik, im Spannungsfeld von »im-Spiel-Versunken-sein« und »im-Spiel-dessen-Aufgaben-und-Zielen-entsprechen«.

Der Philosoph Michel Foucault stellt die Frage nach dem guten Leben unter ästhetischen Gesichtspunkten, für ihn ist Lebenskunst und Spiel eine soziale Praxis; es geht im Leben und im Spiel um ein „kunstvolles“ Miteinander. „Sein Leben nicht als Kunstwerk, sondern zum Spiel werden zu lassen, kann nicht nur heißen, es zu meistern und zu beherrschen, sondern hat vielmehr die Form der kreativen Hingabe an das einem Zufallende, ‚um mit dem zu spielen, was sich von selbst ergibt‘ (Schmidt 2004, S. 60). In selbstvergessener Hingabe tut man so, als ob es keinen Zweck gäbe. Der (Spiel-)Raum, welcher eröffnet wird, ist im Ästhetischen, wie im Spiel, ein handlungsentlastender Raum, d.h. die Handlungen müssen nicht gelingen und einen Zweck erfüllen, sondern sie werden vollzogen, um sich in ihrer Form und Gestalt präsentieren und variieren zu lassen. Aufgrund dieser Zwecklosigkeit im handlungsentlasteten Spielraum kann damit Lebenspraxis nicht gemeistert werden, sondern sie wird in ihren Ansprüchen (Zweckhaftigkeit, Effizienz, Ernsthaftigkeit, Authentizität, Wahrheit usw.) gerade in Frage gestellt“ (Schäfer u. Thompson 2014, S. 51).

Deutlich werden hier die Aspekte Zweifreiheit und Freiheit an sich sowie der Übungscharakter des Spiels. Mit dieser Sicht kann zudem deutlich hervorgehoben werden, dass der sozialen Wirklichkeit im Spiel Aufmerksamkeit geschenkt wird und sie zugleich künstlerisch umgewandelt, frei interpretiert, spielerisch umgesetzt werden kann. Im Spiel geht es nach Foucault um die Kunst, nicht regiert zu werden wie im realen Leben (vgl. Schäfer u. Thompson 2014, S. 51). „Der Vorstellung von Lebenskunst als ein sich selbst oder die Welt verändernder Prozess soll die Vorstellung von einem spielerischen Leben gegenüber gestellt werden, welches nicht eine kompetente Meisterung des Lebens meint, sondern vielmehr eine aufmerksame Gelassenheit, die das, was ist, mit dem, was möglich sein könnte, verletzt" (ebd.). Dadurch, dass die Handlungen im Spiel gekennzeichnet sind durch ein »So tun als ob«, ist jede mit dieser Handlung verbundene Entscheidung erst einmal nur ein Provisorium, ein Schein (vgl. Schäfer u. Thompson 2014, S. 57).

2.3 Die handlungstheoretische Perspektive

Zunächst geht es darum, Handlungen zu unterscheiden, wie dies bereits in den 1930er Jahren der Psychologe Alexei Nikolajewitsch Leontjew mit Hilfe der psychologischen Tätigkeitstheorie tat.

Handlungsebene	Funktion	Bewusstheit
Tätigkeit	Motiv	Nicht oder wenig bewusst
Handlung	Ziel	bewusst
Operation	Mittel	Nicht bewusst (automatisch)

(Oerter 1999, S. 181).

Handlungen werden demnach auf drei Ebenen unterschieden, dabei ist die oberste Ebene die der Tätigkeit an sich, die an Motive gebunden ist, welche wiederum unbewusst oder zumindest wenig bewusst sind. Wichtig ist an dieser Stelle, dass das Nichtwissen der eigenen Motive bei einer Tätigkeit nicht etwa gleichzusetzen ist mit unbewussten Wünschen einer Tiefeninstanz, sondern auch ganz andere Gründe haben kann (vgl. Oerter 1999, S. 181). Das bedeutet, dass das Handeln auf der Ebene der Tätigkeit nicht zielgerichtet sein muss. Die Tätigkeit ist dem nicht oder wenig bewussten Motiv des Handelns zugeordnet (vgl. Oerter 1999, S. 180). Auf der Ebene der Handlung hingegen wird zielorientiert und bewusst agiert. Die Operation ist eine Handlungsebene, die Mittel für die Erreichung von Handlungszielen benutzt und dies geschieht in der Regel automatisch, auf einer nicht bewussten Ebene. Spielen Kinder gegenstandsbezogen und unter Einsatz von Routinen mit der Absicht, bestimmte Ziele zu erreichen, so handeln sie auf der mittleren und unteren Handlungsebene. Unter Bezugnahme der Tätigkeitstheorie von Leontjew wird jeder Handlung eine sinnstiftende Tätigkeitsebene vorgeordnet (vgl. Oerter 1999, S. 180). Diese sinnstiftende Tätigkeitsebene „liefert sowohl den subjektiven Sinn als auch die objektive Bedeutung menschlichen Tuns. Der subjektive Sinn bezieht sich auf die Bedeutung des Handelns für das Subjekt selbst und dient der Befriedigung des Ichs (Piaget) bzw. den nicht bewussten Triebwünschen des Es (Freud)“ (Oerter 1999, S. 180).

Wenn Kinder spielen, dann ist ihnen bei ihrer Tätigkeit selten das Motiv ihres Spiels bewusst, vielmehr hält gerade die Unklarheit über das Motiv des Spielens das kindliche Spiel in Gang.

Folgendes Beispiel soll dies verdeutlichen:

> Ein Kind drückt seine Eifersucht gegenüber dem jüngeren Bruder im Spiel in der Weise aus, dass es auf einem kleinen Stoffbären herumtrampelt, ihn mehrfach mit dem Spieltraktor überfährt, ihn sodann für tot erklärt und ihn dem Mutterbären (einem großen Stofftier) mit den Worten auf den Schoß legt: ‚Da hast du den kleinen Bären, er ist noch nicht ganz tot!‘ (Oerter 1999, S. 181f.).

Über das Spiel (die Tätigkeit), den kleinen Bären tot zu fahren, kann das Bedürfnis (das Motiv der Handlung) des eifersüchtigen Kindes befriedigt werden, nämlich den kleinen Bruder loszuwerden. In diesem Zusammenhang spricht man nun von einem übergeordneten Gegenstandsbezug der Handlung. Darunter wird nicht der konkrete materielle Gegenstand oder das Thema des Spiels (für die Puppe kochen, das Stofftier pflegen, den Turm bauen, mit Autos fahren etc.) verstanden, sondern im übergeordneten Gegenstandsbezug geht es um die Daseinsthematik, also die eigene Existenz in der Welt, die diese Handlung mit beeinflusst. Es ist in der Handlung eine Vergegenständlichung, eine Aneignung, eine Objektivierung und immer auch das Selbst und seine Stellung in der Welt, eine Subjektivierung enthalten, wenn aus handlungstheoretischer Sicht vom übergeordneten Gegenstandsbezug geredet wird, dieser ist es dann, der die Handlung reguliert.

Folgende Tabelle erläutert die Kombination der vier Grundkomponenten von Handlungen, die eben aufgeführt wurden, konkret bezogen auf das kindliche Spielverhalten: Vergegenständlichung, Aneignung, Objektivierung und Subjektivierung.

	Aneignung	Vergegenständlichung
	Geschichten anhören	
Subjektivierung	Sendungen anschauen	Symbolspiel
	Buch anschauen und Bilder benennen	Rollenspiel
Objektivierung	Exploration von Gegenständen	Puzzle legen
		Eisenbahn bauen

(Oerter 1999, S. 185).

Durch die Vergegenständlichung erfahren sich die Kinder als Akteur, erkennen die eigenen Wirkung auf ihre Umwelt und auch umgekehrt, die der Umwelt auf sie selbst. „Vergegenständlichung vermittelt also die emotionale Grunderfahrung von Macht und Kontrolle über die Umwelt und führt gleichzeitig zur Erfahrung der umweltzentrierten Selbsterweiterung (Selbstvergrößerung). Gegenstände, die man selbst hergestellt hat, bilden gewissermaßen entfernte Bestandteile des Selbst, man trägt ein Stück von sich in die Umwelt hinein“ (Oerter 1999, S. 183). Es sind genau diese Erfahrungen, die auf Herstellung und Manipulation von Gegenständen gerichtet sind, die den übergeordneten Gegenstandbezug für (Spiel-)Handlungen ausmachen.

Sich die Umwelt aneignen bedeutet, durch die Umwelt Eindrücke gewonnen zu haben und Wissen erworben zu haben. Es ist die Auseinandersetzung mit einem Gegenstand, die Spuren hinterlässt, wie z.B. Wissen über den jeweiligen Gegenstand. „Während beim schulischen Lernen der Aneignungsvorgang augenscheinlich ist, bleibt er im Spiel stärker verborgen“ (Oerter 1999, S. 184). Kinder zeigen jedoch auch, wenn nicht sogar behauptet werden kann *gerade* im Spiel ein exploratives, erkundendes Verhalten und eigenen sich ihre Welt darüber »spielerisch« an.

> „Aneignung und Vergegenständlichung sind dialektische Begriffspaare, sie sind gegenläufig, gehören aber beide zusammen und ergänzen sich wechselseitig“ (Oerter 1999, S. 184).

Auch die Subjektivierung und Objektivierung entsprechen diesem dialektischen Begriffsverständnis. Jede Handlung wird orientiert an der erlebten Realität objektiviert, dadurch wird die erlebte subjektive Wirklichkeit an die kulturell geschaffene Wirklichkeit angepasst. Es gibt nicht die eine unwiderrufliche Realität, dennoch erfährt das Individuum durch die Objektivierung, dass es eine Wirklichkeit mit ihren eigenen kulturell geschaffenen Gesetzlichkeiten gibt, die nicht unbedingt den subjektiven Wünschen eines jeden Individuums entsprechen müssen. „Durch diese Handlungskomponente wird also eine solipsistische [solipsistisch; lat. Solus: allein, der Ausdruck wird in der Philosophie benutzt, wenn es darum geht der These nachzugehen, ob nur das eigene Ich existiert] Erkenntnisposition durchbrochen" (Oerter 1999, S. 184).

Der Objektivierung steht die Subjektivierung gegensätzlich gegenüber, in diesem Prozess der Handlung geht es um eine Angleichung der eigenen Bedürfnisse und Wissensstrukturen. Die Subjektivierung wird also als Orientierung, die mit der eigenen Wissensstruktur in Verbindung gebracht wird, verstanden, im Vordergrund stehen das Selbst und damit eine subjektive Umgestaltung der Realität nach einem ganz eigenen Bild der Wirklichkeit. „Ohne diesen Prozess würde das Individuum handlungsunfähig bleiben, da es keine Orientierung fände, die mit der eigenen Wissensstruktur in Verbindung gebracht werden könnte. Ein prototypisches Beispiel für Subjektivierung im Spiel haben wir im Symbolspiel vor uns, das die Wirklichkeit an das subjektive Wissen einseitig assimiliert" (Oerter 1999, S. 184).

Aufgabe: Beschreiben Sie die Kombination von Aneignung und Subjektivierung anhand einer Spielsituation, die Ihnen in der Praxis begegnet ist.

Deutlich wird, dass sich die benannten Grundkomponenten von Handlungen im Spielverhalten der Kinder zeigen, sich auf ihre subjektiven Befindlichkeiten beziehen und zugleich seine Identitätsentwicklung durch die Interaktion mit Gegenständen oder Personen im Spiel weiterentwickelt. Beobachtet man das spielende Verhalten der Kinder, kann aus handlungstheoretischer Sicht festgehalten werden dass Gegenstände, und miteinander in Beziehung tretende Subjekte eng miteinander verbunden sind und wechselseitig im Austausch stehen. Das Kind erlebt sich als Akteur und damit als selbstwirksam in seiner Welt.

2.4 Zusammenfassung

Spielhandlungen von Kindern können auf der Grundlage der aufgeführten theoretischen Sichtweisen heraus als Sinnerlebnis von Welt- und Selbsterfahrungen betrachtet werden (vgl. Oerter 1999, S. 192). Kinder lernen sich und ihre Umwelt im spielerischen Handeln kennen und entwickeln sich durch das Spiel auf ganz vielfältige Art und Weise weiter. „Bei der Suche nach einer Antwort auf die Frage, weshalb Kinder spielen, ist die entwicklungsfördernde Wirkung des Spiels, in dem ein Kind seine fokussierende Aufmerksamkeit frei von äußeren Zwecken einem Spielgegenstand zuwendet und sich seine eigene fiktive Realität schafft, ein wesentlicher Aspekt" (Renner 2008, S. 95). Gemeinsam sind den unterschiedlichen Sichtweisen, das Vorhandensein von Kreativität, Gelassenheit und der gesundheitliche Aspekt in der Entwicklung des Kindes. Auch die Beteiligung der Emotionen, die Möglichkeit im Spiel, die Kontrolle über eigene Erfahrungen und subjektive Wahrnehmungen zu erlangen, spiegelt sich in den unterschiedlichen Perspektiven wieder. Das Spiel ist für das Kind wirklich, so »echt« wie alles selbst Gestaltete. Es ist ein wirkliches Geschehen ohne Anpassungsdruck und damit eine Möglichkeit der freien Entwicklung für Körper und Geist. „Spiel ist ein spontanes Geschehen. Es geht häufig auf die kindliche Phantasie zurück und beeinflusst sie wiederum durch die Spieltätigkeit selbst" (Mogel 2008, S. 29). Beim kindlichen Spielen, auch das kann hervorgehoben werden, geht es um den Aspekt der Selbstwirksamkeit und Selbstbestimmtheit. Das Kind erlebt sich im Spiel als aktiver Gestalter seiner Umwelt und bestimmt selbst, wie weit es einzutauchen bereit ist. Die Aktivität, das spielerische Handeln des Kindes, ist bestimmt (wie jede Handlung auch) durch einen übergeordneten Gegenstandbezug. Das Spiel ist gerichtet auf ein »Ding« auf »Etwas« oder ein »Gegenüber«. Genau darüber eignet sich das Kind die Welt und das Wissen über die Welt an. Im Spiel verarbeitet es Erlebtes und lernt den Umgang mit »Dingen« und »Menschen«. Das Spiel lebt im Gegenstandsbezug. „Dieser ist eingebunden in die kulturelle, soziale, technische und zivilisatorische Entwicklung deiner Gesellschaft“ (Mogel 2008, S. 43). Das kindliche Spielverhalten ist einerseits an die bereits gemachten Erfahrungen des Kindes gebunden und andererseits dient es der aktiven Gestaltung der Gegenwart des Kindes. Den Sinn des kindlichen Spiels zu erfassen, seine individuellen spielerischen Handlungen verstehen zu wollen, setzt voraus, dass man über seine soziale Umgebung, seine Art der subjektiv erlebten Wirklichkeit etwas in Erfahrung bringen kann. Im Spiel erweitert das Kind seine Erfahrungen, seine aktuelle Erlebniswelt. „Kindliche Erfahrungen aus der biographischen Vergangenheit moderieren die weitere Erfahrensbildung im Spiel“ (Mogel 2008, S. 103). Den Kindern dient das Spiel als Erfahrungserweiterung, Erfahrungsbewältigung und das grundsätzlich im Hier und Jetzt; denn das ist die vom Kind erlebte Zeitperspektive während seines Spiels. Wenn Kinder spielen sind sie im Hier und Jetzt, auch als Fee, König oder Bauarbeiter. Kinder orientieren sich an der Umwelt, an Rollen, die ihnen bekannt sind und sie erforschen im Spiel auch Neues, das macht das kindliche Spiel aus den hier aufgeführten Perspektiven vielfältig und lebendig und ermöglicht den Kindern, Mögliches und Unmögliches zu erproben und zu wiederholen.

Kapitel 3

3 Spielformen und Klassifikationsprobleme

In diesem Kapitel geht es um die Betrachtung einzelner Spielformen. Das Kinderspiel wird in seiner ganzen Komplexität erklärbar, indem Spielformen aufgezeigt werden, die sich weltweit in verschiedenen Kulturen identisch zeigen. Ziel ist es, auf Spielbedürfnisse und Entwicklungsaufgaben von Kindern im elementarpädagogischen Feld pädagogisch zu antworten. Dazu bedarf es des Wissens um theoretische Grundlagen, um unter anderem das praxisrelevante Ziel einer differenzierten Betrachtung unterschiedlicher Spielformen zu erreichen. Gleichzeitig wird aufgrund der Komplexität des kindlichen Spiels deutlich, dass es kaum möglich ist, Spielformen zu klassifizieren. Es handelt sich vielmehr um den Versuch einer Zuordnung, damit ein Bild von der Spielentwicklung des Menschen gewonnen werden kann.

Im elementarpädagogischen Feld ist es für Kindheitspädagogen hilfreich, differenzierte Kenntnisse über die Bedeutung des Spiels und der unterschiedlichem Spielformen innerhalb der Entwicklung des Kindes Kenntnisse zu haben, unter anderem um auf Spielbedürfnisse von Kindern professionell eingehen zu können, aber auch um die Umgebung förderlich zu gestalten.

„Der Versuch, Spielformen zu klassifizieren, orientiert sich an zugrunde liegenden Spieltheorien. Keine der bislang vorliegenden Spieltheorien kann aber das Phänomen Spiel umfassend erklären. Die unterschiedlichen Theoriemodelle haben dementsprechend auch unterschiedliche Begriffssysteme, mit denen Spielformen gekennzeichnet werden“ (Renner 2008, S. 102). Das kindliche Spiel wird in den unterschiedlichen theoretischen Sichtweisen aus der jeweiligen wissenschaftlichen Perspektiven betrachtet, daher sind auch die abgeleiteten Spielformen dem theoretischen Blickwinkel entsprechend zu verstehen. Entwicklungspsychologische Grundlagen über die menschliche Spielentwicklung können Kindheitspädagogen einen beschreibenden und diagnostisch beobachtenden Blick auf das kindliche Spiel ermöglichen. Auch soziokulturelle Aspekte spielen bei dem Versuch, Spiele zu klassifizieren, eine Rolle. „Spiele entstehen auf einem bestimmten soziokulturellen Hintergrund. Huizinga verweist darauf, dass Spiel Grundlage und Faktor der Kultur sei. (Huizinga, J. 1972:12) Durch Spiel entstehen kulturelle Phänomene (z.B. Bekleidungsformen, Sprachstile, usw.) und im Spiel spiegelt sich die jeweilige Kultur, in der gespielt wird (z.B. christliche Kultur, kapitalistische Kultur, usw.). Der spielende Mensch kann im Spiel Kultur wiederholen, ohne für die Wirklichkeit außerhalb des Spiels Pflichten und Zwänge übernehmen zu müssen, Kultur erleben, erproben, erfahren, frei von äußeren Zwecken. Im Spiel kann sich der Mensch der Kultur nähern, ohne zu müssen, sich von ihr befreien, ohne persönliche Nachteile“ (Renner 2008, S. 102). Eine Klassifikation der Spielformen kann demnach in einem entwicklungspsychologischen, soziokulturellen und im jeweiligen Beziehungskontext vor dem Hintergrund des Lebensweltbezugs des spielenden Kindes vorgenommen werden. Gleichzeitig gibt es trotz der Möglichkeit des Versuchs einer Klassifizierung Schwierigkeiten, einzelne Spielformen herauszuarbeiten, da es meist Mischformen sind, die nicht in reiner, klar zu definierender Form in Erscheinung treten.

Beispiel:

Das Fußballspiel ist ein Ballspiel. Es ist ein Wettkampfspiel. Es ist ein Regelspiel und auch durchaus dem Symbolspiel oder Rollenspiel zuzuordnen.

Gilt das pädagogische Interesse der Wesenserfassung des kindlichen Spiels, will der Kindheitspädagoge sich Wissen um das Spiel aneignen, ist die Auseinandersetzung mit den unterschiedlich in Erscheinung tretenden Spielformen aus didaktischen Gründen sinnvoll.

3.1 Das Sensomotorische Spiel

Diese Spielform wird als Übungsspiel, Funktionsspiel und Explorationsspiel definiert. Aus entwicklungspsychologischer Sicht ist das Funktions- und Übungsspiel die erste Spielart, welche verschiedene Stadien vorverbaler Entwicklung in sich trägt. Das Kind zeigt Freude, sowohl an der Wiederholung als auch an der Tatsache selbstwirksam Verursacher des Übungs- und Funktionsspiels zu sein. „Sensorik, Motorik und kognitive Funktionen werden geübt. Die motorischen Abläufe geschehen partner- und gegenstandsbezogen" (Renner 2008, S. 104). Ein Merkmal des sensomotorischen Spiels ist die Wiederholung und das Ritual. Das Kind führt während dieses Spiels diese Regelhaftigkeit der Interaktion in all seinen Formen herbei. Es handelt sich dabei um Spiele im frühen Alter (unter einem Jahr) und meist um das Spiel mit materiellen Gegenständen, die bevorzugt genommen werden und wieder zurückgegeben werden, gezeigt werden und verschwinden, bzw. versteckt werden (vgl. Oerter 1999, S. 93).

„Die entscheidenden Komponenten der intentionalen Akte des Kindes, die letztlich zur vollständigen Etablierung des Funktionsspiels führen, sind folgende: Bewegungsdrang, Kontakt mit dem Gegenstand, ein bestimmter Effekt, Lustempfinden und, als neue emergente Eigenschaft, die beständige Wiederholung des Gegenstandbezugs, der erneut zur Funktionslust führt (Mogel 2008, S. 138).

In dieser Phase vergleichen Kinder, sie erfassen Gegenstände hinsichtlich der physikalischen Merkmale. „Das Kind stellt jetzt fest, dass ein Objekt aufgrund seiner Merkmale für ein anderes Objekt oder einen anderen Gegenstand stehen kann. Damit sind die grundlegenden Voraussetzungen für die Entstehung des Frühen Symbolspiels geschaffen" (Mogel 2008, S. 139).

Wichtig ist es an dieser Stelle festzuhalten, dass das Spiel des Kindes nicht allein an Gegenstände gebunden ist. Das frühe Spiel beginnt *mit* und konzentriert sich *auf* den Körper des Kindes. Wer Säuglinge beobachtet, sieht, wie diese mit ihren Händen und Füßen in Kontakt treten, fasziniert sind vom Spiel mit der eigenen Hand, oder dem eigenen Fuß.

„Die ersten spielerischen Handlungen lassen sich bereits beim Säugling etwa vom dritten Monat an beobachten. Er spielt mit seinen Händen, mit seinen Kleidungsstücken, mit Ringen, Klappern, Rasseln und Badespielzeug und erforscht dabei die Möglichkeiten, die ihm die umgebende Umwelt bietet" (Thiesen 2009; S. 13).

Renner (2008) hält fest, dass das Kind spielt, ehe wir sein Tun als Spiel wahrnehmen. „Sein Spiel besteht zuerst in der Erforschung durch Wiederholung sinnlicher Wahrnehmungen, kinästhetischer Sensationen, Lautgebungen, usw. Hier können aufgesagte Verse, die mit Körperbewegung durch die Eltern begleitet werden, ebenso genannt werden, wie das Guck-Guck-da-Spiel, das mit Kindern schon während des ersten Lebensjahres gespielt wird" (Renner 2008, S. 105f.).

Das sensomotorische Spiel ist bestimmt durch die Erfahrung, dass etwas verschwindet und wieder auftaucht, vor allem aber ist hier die Regelhaftigkeit der Wiederholung kennzeichnend. Diese Wiederholung ist deshalb so bedeutend für das Kind, weil es sich aufmerksam auf den Spielverlauf konzentrieren kann und die Erfahrung macht, dass ein Geschehen erwartbar ist.

3.2 Das Symbolspiel

Das Symbolspiel kann auch als »Als-ob-Spiel« bezeichnet werden und wird in der Fachliteratur als Illusions-, Fiktions- oder Phantasiespiel bezeichnet (vgl. Oerter 1999, S. 93). Der Begriff »Symbolspiel« wurde von Piaget benutzt. Es werden nicht selten alltägliche Verhaltensweisen spielerisch wiedergegeben, ein Puppenbaby wird gefüttert (wie das Geschwisterchen), es wird ein Stoffhase gewickelt, schlafen gelegt, ein Buch gelesen (ohne lesen zu können) und vieles mehr.

Beim Symbolspiel ist man sich hinsichtlich des Gegenstandbezugs einig, wobei erwähnenswert ist, dass ein Objekt aufgrund seiner Merkmale für ein anderes Objekt oder einen anderen Gegenstand stehen kann. „Das Frühe Symbolspiel ist ein Resultat der Synergie dieser Merkmals-Objekt-Beziehungen beziehungsweise dieser Merkmals-Gegenstand-Beziehungen. Während der Entwicklung und Konsolidierung des Frühen Symbolspiels kann das Kind nach und nach eine Entkoppelung der gegenstandsverbindenden Merkmale und der entsprechenden Merkmalsklassen durchführen" (Mogel 2008, S. 139). Auf diese Weise werden Gegenstände in ihrer Funktion auf die Art benutzt, wie das Kind es in seinem Spiel braucht.

So kann eine Papprolle zum Baby werden, ein Karton zum Bett, ein Blatt zum Teller, ein Bauklotz zu Geld, usw. Das Kind generalisiert in symbolischen Darstellungen und auch durch symbolische Handlungen seine im Alltag gesammelten Erfahrungen und beobachtete Verhaltensweisen und stellt diese im Symbolspiel dar: »Ich tu jetzt mal so als ob ich die Oma bin«.

Die symbolischen Handlungen entsprechen den Handlungsweisen von Vorbildern. Sie sind in der Regel auch Spiegel gesellschaftlicher Verhaltenserwartungen (Rollen), die fiktiv nachgeahmt beziehungsweise reproduziert werden (Renner 2008, S. 109).

Das Kind stellt symbolisierend dar, was es wahrnimmt, erlebt, verstanden hat und oder erst noch begreifen möchte. Das Symbolspiel dient der Assimilation.

Die Darstellung ermöglicht dem Kind, die äußere Welt dem Ich zu assimilieren (...). Das Spiel Als-ob ermöglicht den Kindern, sich in ihrer Fantasie beziehungsweise mittels der Symbolisierung die Welt zu konstruieren, wie sie bewältigt werden kann (Assimilation). Sie können Gefühle und Gedanken haben und Tätigkeiten verrichten, die ihnen sonst nicht zugänglich wären. Die vielfältigen Möglichkeiten der Selbstdarstellung beinhalten eine Auseinandersetzungsmöglichkeit mit dem Selbst und tragen so zur Identitätsentwicklung bei (Renner 2008, S. 110).

Im Symbolspiel beginnen erste Regeln, die über sprachliche Vereinbarungen getroffen werden: »Also du wärst jetzt wohl ganz hungrig und dann tätest du wohl lieber zu der Mutter gehen als zur Oma« oder »Ich tu dann gleich mal so als ob du tot wärst«. Die Phantasie der Kinder ermöglicht die Erweiterung ihrer Erfahrungen, sie entwickeln weitere »innere Bilder« dazu, verarbeiten im Spiel Erfahrungen auf emotionaler und kognitiver Ebene und entwickeln dabei zunehmend abstraktes Denken (vgl. ebd.). Auch wenn das Symbolspiel zunächst auf sich selbst bezogen verläuft, ist es Voraussetzung für das später folgende Rollenspiel. Im Symbolspiel richten sich die Handlungen auf das Kind selbst, wie das fiktive Essen vom Blattteller, das fiktive Wiegen der Babyrolle. Erst im späteren Entwicklungsverlauf kommen Spielpartner dazu, dann wird mit Bauklotzgeld bezahlt, mit Stockschwertern gekämpft, etc., der Spielpartner ist dabei ebenso symbolisiert durch eine Puppe, ein Stofftier o.Ä.

Erst im letzten Entwicklungsschritt kommen Spielpartner dazu und die Bedeutung der gemeinsamen Deutung des Gegenstandbezuges kommt zum Zug.

Aufgabe: Für Kinder ist das Symbolspiel eine Möglichkeit, die Realität ihren eigenen Wünschen, Vorstellungen und Bedürfnissen anzupassen, sie konstruieren im Spiel ihre Wirklichkeit. Warum gelingt es im gemeinsamen Symbolspiel nicht immer konfliktfrei, obwohl es sich doch um eine symbolisch dargestellt Realität handelt?

3.3 Das Rollenspiel

Wenn Kindergartenkinder spielen, kommt es durchaus oft vor, dass man sie beim Rollenspiel beobachten kann. Kinder werden erlebt beim Vater-Mutter-Kind-Spiel, aber auch in unterschiedlichen Kostümen und den entsprechenden Rollen, als Räuber, Feuerwehrmann, Zauberer, Prinzessin, oder Braut, sie schlüpfen in diese Rollen, sprechen mit Handpuppen, nicht anwesenden Phantasiefiguren und/oder sind in der Rolle von ihnen bekannten Erwachsenen, Helden und TV-Figuren. Die Kinder ahmen nach, übernehmen in ihrer Selbstverständlichkeit Rollen. Durch das Einnehmen der Rolle ist der gemeinsame Gegenstandbezug durch die eingenommenen Rollen definiert: »Du bist wohl der Vater und ich die Mutter«.

Um Rollenspiele gemeinsam spielen zu können, müssen die Beteiligten zumindest die Handlungsmuster ihrer eigenen Rolle, aber auch die Handlungsmuster eines weiteren Partners kennen. Oerter (1999) spricht hier von einer Rollendefinition auf der Grundlage eines Skripts, darunter versteht er beispielsweise, dass das Skript vom Doktorspiel die Behandlung des Patienten, das Verbinden von Wunden, Spritze geben gegen Schmerzen, Rezept ausfüllen, Diagnose benennen, etc. beinhaltet. Diese Komponente erleichtert das gemeinsame Spielen, ebenso wie die fiktive Verwandlung der eigenen Person in einen Rollenträger. „Dadurch, dass man in eine Rolle schlüpft, spielt man statt seiner selbst einen anderen Akteur, und obwohl die Rolle eigentlich zum Zwecke der Ich-Steigerung gewählt wird, bedeutet sie doch eine Dezentrierung im Sinne Piagets, also eine Lösung von der egozentrischen Erkenntnishaltung“ (Oerter 1999, S. 99). Dieses Rollenskript erleichtert den gemeinsamen Gegenstandbezug, dazu kommen die dazugehörigen Regeln des Rollenskripts, an die sich jeder Rollenträger halten muss, um die gewünschte Rolle spielen zu können. Ziel der gemeinsamen Handlungen im Rollenspiel wird bestimmt durch das Spielthema, die Spielidee. „Damit ist der Gegenstand bereits etwas recht Komplexes geworden, ein Handlungsmuster, in dem Rollen, Handlungen und Gegenstände als (meist hierarchische) Sequenz geordnet sind. Der gemeinsame Gegenstandbezug ‚Einkaufen spielen‘ beinhaltet vorab mindestens zwei Rollen (Verkäufer und Kunde) sowie zwei reziproke Handlungen (Verkaufen-Einkaufen). Meist handelt es sich aber um ein komplexeres Skript (Begrüßung, Preise erfragen und nennen, bezahlen, herausgeben, Verabschiedung)“ (vgl. ebd.). Deutlich wird, dass die gegenstandsbezogenen Handlungen durch das Spielthema bestimmt sind und Wissen über die Rollen vorhanden sein muss, um spielen zu können.

Dieses Wissen wird im sozialen Miteinander erworben, das Kind sucht sich im Alltagsleben Modelle, die es im Rollenspiel aufnimmt. „Attribute des Rollenspiels sollen der Wirklichkeit entsprechen. Das Kind will im Spiel die Dinge nicht mehr simulieren, sondern wirklich können. Trompetenspiel wird z.B. nicht mehr mit dem Trichter aus der Küche dargestellt und stimmlich imitiert, sondern das Kind will Trompetenspiel lernen und ist bereit, einige Anstrengungen dafür auf sich zu nehmen. Kinder sind bereit zu lernen, um spielen zu können“ (Renner 2008, S. 117). Hier wird nun der nächste Entwicklungsschritt aufgezeigt, das Ich passt sich zunehmend an die Wirklichkeit an, das Kind weiß, dass es bestimmte Regeln und Voraussetzungen für das Spiel mitbringen muss und ist bereit zu lernen, um spielen zu können was es möchte. Im Rollenspiel wird gelernt, es werden Rollen übernommen, sich eingefühlt und subjektiv interpretiert. Das Rollenspiel kann dazu dienen, gesellschaftliche Rollennormen zu interpretieren, zu hinterfragen und antizipatorisch zu erproben. „Rollenspiel ist modellartiges Darstellen einer Rolle und ihrer biografischen Determinanten, um sie der Reflexion zugänglich zu machen (Distanzierung mit dem Ziel der Befähigung zur Ideologie- und Systemkritik und autonomem Verhalten. Die politisch-emanzipatorische Absicht des Einsatzes von ‚Rollenspiel' wird deutlich erkennbar)" (Renner 2008, S. 119). In der Pädagogik wird der Bildungswert des Rollenspiels vielfältig gesehen. Ziele des Einsatzes dieser Spielform sind unter anderem die Sensibilisierung des Einfühlungsvermögens in andere und deren Perspektiven aufgrund z.B. entsprechender Rollenerwartungen, die Stärkung der eigenen Person, das Üben der Bedürfnisartikulation und die Entwicklungsförderung des Selbstkonzeptes, das Fördern des Verständnisses für kulturelle Unterschiede, die Entdeckung von unbekannten Normen und Werten, die Förderung individueller und kollektiver Lösungsprozesse (vgl. Renner 2008, S. 120).

Das Rollenspiel entspricht der Lernform von Kindern in ihrem sozialen Alltag, im Spiel jedoch entziehen sie anderen die soziale Kontrolle über diesen Lernprozess und können ihrer Erfahrungen im Spiel frei in Szene setzen. Im Spiel kann das Kind seine Welt nach seinen Wünschen modellieren, von alltäglichen Rollenerwartungen und dem alltäglichen Rollenlernprozess abweichen, es kann erwartete Verhaltensvorstellungen durchbrechen und diese ohne Folgen ausprobieren. Kinder dürfen alles spielen was sie beschäftigt, was sie fasziniert. Sie können sich in Superman verwandeln, so stark wie Pippi Langstrumpf sein und sogar so schnell rennen wie der kleine Muck. Sie geben sich im Spiel ihrer Fantasie hin. Aber das Kind übernimmt auch Kontrolle und Macht im Rollenspiel, versucht seiner inneren Realität im Spiel Raum zu schaffen. Im psychischen Geschehen des Kindes ist die erlebte Realität und die nachgespielte ein und dieselbe. Das Kind ist in der Lage, im Rollenspiel Ereignisse aus der komplexen Lebenswelt als spielerisch angeeignete Wirklichkeit umzusetzen (vgl. Mogel 2008, S. 140).

So kann abschließend, zur Reflexion über die spielerisch »angeeignete Wirklichkeit« mit Hilfe Picassos philosophischer Worte nachgedacht werden:

Es gibt den Maler, der aus der Sonne einen gelben Fleck macht, aber es gibt auch den, der mit Überlegung und Handwerk aus einem gelben Fleck eine Sonne macht

Pablo Picasso (* 1881 – † 1973) spanischer Maler, Grafiker und Bildhauer

3.4 Das Regelspiel

Die bisher dargestellten Spielformen zeigen bereits deutlich, dass kindliche Spiele fließende Übergänge haben, nicht klar voneinander differenziert werden können und alle etwas Regelhaftes haben. Das macht es schwer, das Regelspiel als eigene Spielform darzustellen. Dennoch gibt es Spiele, die gerade durch ihre hohe Regelhaftigkeit gekennzeichnet sind, bei denen die Regel, das Einhalten von Regeln elementar ist. Auch für die Entstehung von Spielen und für das Gelingen, das Aufrechterhalten eines Spiels, sind Regeln unentbehrlich. „Im englischen Sprachgebrauch unterscheidet man die Begriffe Game und Play. Während Play für das Spiel zum Zeitvertreib gebraucht wird, benutzt man den Begriff Game für das Spiel nach verbindlichen Regeln“ (Renner 2008, S. 130). Spielen ohne Regeln, zum Zeitvertreib, setzt andere Voraussetzungen an das Kind, als das Spiel, welches das Einhalten von Regeln abverlangt. Beim Regelspiel gibt es also Verhaltenserwartungen an das Kind, es wird ein Regelbewusstsein vorausgesetzt. „Piaget beschreibt anhand des Murmelspiels drei Stadien der Entwicklung des Regelbewusstseins. (1) Das Kind hat den Sinn von Regeln noch nicht erkannt und spielt die Einhaltung von Regeln nur formal. Es spielt quasi das Spielen nach Regeln. (2) Das Kind hat ein egozentrisches Regelverständnis und hält seine Regeln für die allgemeingültigen. (3) Das Kind erkennt Regeln als das Ergebnis von Vereinbarungen. Das Regelverständnis geht nicht mehr von einer autoritativen Setzung von Regeln aus, sondern von kommunikativ vereinbarten Regeln' (Piaget 1954 zit. n. Renner 2008, S. 130). Im schulfähigen Alter (in der Regel mit sechs, sieben Jahren) können sich Kinder verbindlich an Regeln orientieren und damit ihren Handlungsimpuls besser unterdrücken.

Beispiel:

Ein vierjähriges und drei siebenjährige Mädchen spielen zusammen das Kartenspiel »Schwarzer Peter«. Nach drei Spielrunden schmeißt eine der Siebenjährigen die Karten wütend auf den Tisch und sagt: „Ich spiele nicht mehr mit so einem dummen Kind, die kann kein Geheimnis für sich behalten. Das macht doch keinen Spaß."

Was ist passiert? Es ist davon auszugehen, dass Kinder im Alter von vier Jahren noch ein hohes Mitteilungsbedürfnis haben und deutliche Hinweise geben, wenn sie z.B. ein mieses oder gutes Kartenblatt auf der Hand haben. Wenn nun der »schwarze Peter« weggezogen wurde, dann zappelt das jüngere Kind möglicherweise vor Freude und guckt die Mitspieler erfreut an, weil es den »schwarzen Peter« losgeworden ist. Das Geheimnis wird indirekt verraten und die Regel des Spiels nicht eingehalten.

Das Regelwerk eines Regelspiels ist unterschiedlich ausgerichtet. Auch die individuelle Geschicklichkeit ist auf den Spielgegenstand und die Regel bezogen.

Beispiel:

Man trifft sich in der Schulpause zum Tischtennisspielen. Die beteiligten Kinder sind durch den Gegenstand motiviert. Man beginnt zu spielen, ohne Regeln festzulegen, vergleicht aber die gegenseitigen Fertigkeiten aufgrund des Gelingens des Spiels. Können beide miteinander spielen, gelingt es ihnen auf die gleiche Weise, das Spiel laufend zu halten, kann es sich in unterschiedliche Richtungen entwickeln. Es kann vereinbart werden, nicht an Wettkampf zu denken, die Punkte nicht zu zählen, sondern »nur so« zu spielen. Auch dann ist das Spiel nicht ohne Regeln, ist der Ballwechsel doch weiterhin als motivierendes Ziel des Spieles anzusehen. Ebenso ist denkbar, dass aus dem Spiel von Beginn an ein Wettkampf wird, mit Punkten und so auch mit einem Spielverlauf, der einen Gewinner und einen Verlierer bestimmt.

Das Regelspiel setzt ein Normbewusstsein voraus. „Regeln als zeitlich befristete soziale Übereinkünfte müssen wahrgenommen, eingehalten und mit individuellen Bedürfnissen abgestimmt werden können.

Diese Fähigkeiten entwickeln sich ausgehend vom Übungsspiel.

Die erworbenen sensomotorischen Fähigkeiten werden mit selbst auferlegten Regeln versehen. Das heißt, Kinder beschränken ihre Möglichkeiten im Spiel, akzeptieren Regeln, für die sie sich entscheiden und definieren so ihre Freiheiten. Sie versuchen zum Beispiel, bei der Einhaltung bestimmter Schrittlänge die Betonfugen eines Gehwegs nicht zu beteten. Dieses Spiel hat einen selbst verpflichtenden, aber noch keinen sozialkooperativen Wettkampfcharakter“ (Renner 2008, S. 132).

Gelernt wird im Wettkampf, mit und gegeneinander. Es geht im Wettkampf sowohl um das Einhalten vorgegebener Regeln, schon allein aufgrund der Fairness untereinander, als auch um ein zunehmendes Strategieverhalten, die Schulung des Orientierungssinns und das Erlernen einer hilfreichen Taktik. Auch Anpassung gehört zu Eigenschaften, die das Regelspiel erfordert und fördert. „Das Einhalten der Regel ist Ausdruck der Selbstbestimmung und Selbstbeherrschung. Im Regelspiel sind, je nach Entwicklung der Spielenden, sanktionsorientierte und selbst bestimmte Anpassungsformen an Regeln zu beobachten. Selbstkontrolle und Fremdkontrolle sind wesentliche Elemente des Regelspiels. Dies betrifft sowohl Konkurrenzverhalten wie auch kooperatives Verhalten“ (Renner 2008, S. 133).

Regelspiele leben von der Reversibilität (von lat. reversus »umgekehrt«) des Denkens und den dazugehörigen Emotionen, die mit dem Ziel des Spieles, als Gewinner herauszugehen, zu tun haben (vgl. Mogel 2008, S. 141). Es ist die Freude am Gewinnen, die dem Regelspiel die Motivation verleiht.

Das Kind ist damit hoch emotional motiviert und freut sich an der eigenen Leistung. Es erfährt sich, wie bei den bisher dargestellten anderen Spielformen auch, als selbstwirksam und leistungsfähig. Renner (2008) warnt in diesem Zusammenhang davor, das positive Erlebnis von Freude, Leistung und intrinsischer Motivation im spielerischen Verhalten der Kinder erzieherisch zu missbrauchen. Das Spiel sollte nicht als Abhärtungserfahrung für Konkurrenzerfahrungen innerhalb unserer Gesellschaft herhalten (vgl. S. 132). Eher geht es darum, Kindern das Spielen so viel es geht zu ermöglichen, um ihnen positive Erfahrungsräume zur Verfügung zu stellen, die zur Stabilisierung ihrer Persönlichkeit dienen.

Das Kind ist im Regelspiel auf ganz vielfältige Weise motiviert, einmal durch den Gegenstand selbst (Ball, Spielfiguren, Karten) aber auch die Regel selbst ist attraktiv, wie auch das Erleben und Ausprobieren der eigenen Fähigkeiten (vgl. Oerter 1999, S. 101).

Aufgabe: Sich an Regeln halten, was bedeutet das für das Kind im Verlauf eines Regelspiels? Arbeiten Sie die Funktionen der Spielregeln heraus und halten Sie diese schriftlich, unter Hinzunahme von Beispielen aus der Praxis, fest.

3.5 Das Konstruktionsspiel

Kinder kneten »Würstchen« und »Bonbons« aus Knetgummi, bauen »Türme« und »Roboter« aus Bausteinen, Zeichnen ihre Familie und die Welt, wie sie sie sehen, kurz um: sie schaffen Werke. Diese Handlungen, die auf das fertige Produkt ausgerichtet sind, sind kennzeichnend für das Konstruktionsspiel (vgl. Renner 2008, S. 135). Im Konstruktionsspiel, bzw. den Spielen, die als diese Spielform beschrieben werden, stellen Kinder durch konstruktives Vorgehen etwas dar. Aus psychologischer Perspektive lassen sich folgende Entwicklungsstufen des Kindes klassifizieren, die im Konstruktionsspiel deutlich werden:

(1) Die unspezifisch funktionale Stufe in der Material noch nicht sachgerecht verwendet wird. Material wird oral-sensorisch wahrgenommen, dann geworfen, aneinander geschlagen usw. (1. Lebensjahr).
(2) Die spezifisch funktionale Stufe auf der Tätigkeiten wie zum Beispiel Einfüllen und Leeren, Rollen, Kneten, horizontales Bauen in vertikales (z.B. Turmbau) übergeht (bis 3. Lebensjahr). Steckspiele, in denen Ähnlichkeiten beziehungsweise Verbindungsmöglichkeiten entdeckt werden können, sind bei Kindern dieses Alters sehr beliebt (Uhl-Baukästen, Baufix, Lego-duplo usw.). Das folgende Stadium baut auf dieser Entwicklung auf.
(3) Das Symbolstadium. Die hergestellten Dinge werden zunächst willkürlich benannt. Das heißt, das Kind kann sich ein Bild von einer Sache machen, kann sie begreifen, hat einen Begriff dazu. Eine weitere Voraussetzung ist die Unterscheidung von Ich und Du und der bewusste, gezielte Einsatz des eigenen Willens (ab dem 3. Lebensjahr etwa). Das Kind beginnt also zunächst mit einfachen, dann mit immer komplizierteren Materialien konstruktiv zu spielen. Die Freude am Tun, wird in diesem Prozess deutlich durch die Freude am Produkt erweitert. Das Kind spielt nun nach einem vorgefassten Plan, kann das Produkt vorher benennen, nach Plan durchführe, und das Produkt ist als solches erkennbar (Renner 2008, S. 136).

Besonders hervorgehoben wird an dieser Stelle von Renner (2008), das sogenannte »Bude bauen«. Kinder bauen Buden, um sich geborgen zu fühlen, Sicherheit zu gewinnen und Schutz zu erfahren.

Aufgabe: Welche Buden, Hütten, Höhlen haben Sie sich als Kind gebaut? Reflektieren Sie, aufgrund der eigenen Erinnerung, innerhalb einer Kleingruppe Ihre Erfahrungen. Halten Sie Gefühle fest, und schreiben Sie auf, welche Materialien Sie benötigt haben für Ihre »Traumbude«.

Der Gegenstandsbezug dieses Konstruktionsspiels liegt im Bedürfnis des Gestaltens und Schaffens, dem Bedürfnis nach Schutz, Besitzkontrolle, Rückzug und Abgrenzung. „Zeitperspektiven, Zielstrukturen, Ausdauer, Konzentrationsfähigkeit und die Fähigkeit zur Selbstverpflichtung gegenüber einer Aufgabe werden vom Kind im Laufe seiner Entwicklung immer differenzierter wahrgenommen. Parallel dazu entwickeln sich Arbeitshaltung, Anregungen durch die Umwelt und die Anleitung und Übung mit Materialien und Werkzeugen kann diese Entwicklung sehr unterstützen“ (Renner 2008, S. 137).

Möglichkeiten zu schaffen, um konstruktiv tätig sein zu können, werkschaffend spielen zu dürfen, ist aus frühpädagogischer Sicht – heute mehr denn je – entwicklungsfördernd für Kinder.

An das kindliche Konstrukt ist dessen Phantasie geknüpft, es fördert den geschickten Umgang mit Materialen und Werkzeugen. Das Konstruktionsspiel ist eine sehr vielschichtige Spielform und ermöglicht, „technisch-konstruktive Zusammenhänge zu begreifen und zu variieren, mit Fantasie, Gefühl, Rollenskripts zu kombinieren; auf diese Weise die Realität alleine oder mit anderen zu simulieren; Werke selbst zu schaffen, Urheber zu sein und dadurch an der eigenen Entwicklung und in simulativer Weise an der Entwicklung der Welt teilzuhaben“ (Renner 2008, S. 140).

Deutlich hebt Renner hervor, dass es im Konstruktionsspiel nicht darum gehen sollte, die Wirklichkeit zu »verniedlichen« und damit alltagsnahe Erfahrungen zu verhindern. Es geht nicht darum, kindliche, alltagsferne Küchensets oder Werkzeugvarianten herzustellen, weil solche abgewandelten, den realen Gegenständen in der Anwendung verfremdete, können sich Kinder symbolisch, selbst fantasiereicher herstellen: Sie benutzen Steine als Handys, Stöcke als Messer und funktionieren alle möglichen Gegenstände für ihr Spiel um. Wichtig ist es, Kindern den Umgang mit realen Gegenständen, mit den heute zunehmend technischen Feinheiten zu ermöglichen. Kinder zeigen Interesse an ihrer Umwelt, sie greifen auf, was sie sehen, und sie eignen sich ihre Welt grundsätzlich aktiv und nicht reaktiv an. Aus pädagogischer Sicht werden Kinder nicht vor Gefahren geschützt, wenn von ihnen scharfe Gegenstände, »böse« Computerspiele oder ähnlich »Gefährliches« ferngehalten werden. Sinnvoll ist ein begleiteter und alltagsnaher Umgang mit jeglichen Gegenständen. Reale Erfahrungen zu machen, zu lernen Verantwortung zu übernehmen, Wirkungen und Folgen selbst zu erleben, dies gilt als entwicklungsfördernd, sowohl im sozialen Lebensalltag von Kindern als auch im dazu gehörigen kindlichen Spiel.

3.6 Zusammenfassung

Für die Auseinandersetzung mit den unterschiedlichen Spielformen kann festgehalten werden, dass das Spiel auch als ein *Superabundans,* etwas »Überflüssiges« betrachtet werden kann, zumindest als etwas, was man auch lassen kann. „Es verleiht aber trotz seiner Überflüssigkeit der Praxis des Subjekts im Spielraum einen Sinn. ‚Jedes Spiel bedeutet etwas. Nennen wir das aktive Prinzip, das dem Spiel sein Wesen verleiht, Geist, dann sagen wir zu viel, nennen wir es Instinkt, dann sagen wir nichts. Wie man es auch betrachten mag, in jedem Fall tritt damit, dass das Spiel einen Sinn hat, ein immaterielles Element im Wesen des Spiels selbst an den Tag' (Huizinga 2009, S. 15). Das Spiel ist so einerseits zwar überflüssig weil es keine nachvollziehbare Funktion der Lebensbehauptung bildet, andererseits aber ist das in ihm anwesende »immaterielle Element« offenbar dazu in der Lage, der »Lebensbestätigung« einen Sinn zu verleihen" (Schäfer u. Thompson 2014, S. 159).

Die Darstellung der unterschiedlichen Spielformen hebt die Komplexität des kindlichen Spiels hervor. Es wird deutlich, dass das Bedürfnis, sich zu erproben, sich auszuprobieren, die Wirklichkeit zu erfassen, im Spiel seinen Ausdruck findet.

Das Kind entwickelt Fähigkeiten im Spiel und es wiederholt bereits gewonnene, um Sicherheit und Souveränität auszubauen. Das Spiel, egal in welcher Form, hat Übungscharakter, es werden Interaktionen eingeübt, nachgespielt, interpretiert, Handlungsmuster ausprobiert, der Umgang mit Objekten und sozialen Spielpartnern im Hinblick auf Wirkung, Reaktion und Funktion fiktiv erforscht. Dadurch, dass alles symbolisch, fiktiv und ohne Handlungsdruck geschehen kann, ist das Explorationsverhalten, die Neugier und Kreativität beim Kind ausgesprochen hoch und frei. Es muss ja schließlich nicht spielen – im Gegenteil niemand spielt aus einem Zwang heraus.

Kinder konstruieren ihre Wirklichkeit im Spiel und sie erleben sich im Spiel, je nach Spielform, als aktive Konstrukteure, Entwickler, Erforscher, aktiv Handelnde. Sie erleben sich als aktive Gestalter ihrer spielerischen Wirklichkeit. Diese Möglichkeit der Lernform und Sammlung positiver Erfahrungen macht das kindliche Spiel für die Pädagogik und ihren Handlungsspielraum in Institutionen, in denen Kinder spielen dürfen, didaktisch wertvoll.

Bedeutsam ist der ganzheitliche und lebensweltorientiere Blick auf das spielerische Geschehen und Verhalten von Kindern.

Im Spielgeschehen eines jeden Kindes ist die lebensweltlich-ökologische Vernetzung, die biografische Lebenswelt und der soziokulturelle Hintergrund eine zu beobachtende Wirkungsgröße. Für jeden Pädagogen bedeutet das, sich zu vergegenwärtigen, dass das Spiel des Kindes von seiner Lebenswelt erzählt, davon, was das Kind erfahren hat, was es als Wirklichkeit erlebt, was ihm selbstverständlich erscheint und fremd.

Im kindlichen Spielverhalten wird die subjektiv erlebte, die intersubjektiv reflektierte Lebenswelt des Kindes »sichtbar« und in unterschiedlichen Varianten immer wieder neu gestaltet, umgestaltet und wiederholt oder auch neu konstruiert (vgl. Renner 2008, S. 149).

Spiel und (elementar-)pädagogisches Handeln

Im elementarpädagogischen Feld als auch in den entsprechenden wissenschaftlichen Bildungsdiskussionen der Elementarpädagogik herrscht eine gesellschaftlich leistungsorientierte Tendenz, möglichst früh Kompetenzen zu vermitteln, um in der beschleunigten, flexibilisierten und globalisierten Gesellschaft mithalten zu können. „Diese Diskussion tut so, als könnte man Kompetenzen isoliert von den Menschen betrachten, an die sie vermittelt werden sollten. Man hat allenfalls die Vorstellung von einem wissenschaftlichen Allgemeinkind, das dabei als Adressat ins Auge gefasst wird. Man bemüht sich, die Kompetenzen so zu elementarisieren, dass sie auf dieses Allgemeinkind zugeschnitten scheinen. Das Stichwort, das die Verbindung zu diesem Allgemeinkind herstellen soll, ist in vielen Fällen das Adjektiv spielerisch" (Schäfer 2010, S. 26).

Dem Begriff *spielerisch* sollte jedoch gerade im Bereich der Elementarpädagogik eine deutlich ernstere und bedeutungsvollere Aufgabe zugesprochen werden, nimmt man schon allein den Eifer des Kindes beim Sich-die-Welt-aneignen, die Offenheit, Neugier, Beharrlichkeit und Versunkenheit im Spiel des Kindes wahr und ernst. Kinder, das kann man regelmäßig beobachten, vergessen während des Spiels die Welt um sich herum, die Zeit und Bedürfnisse werden für den Moment »ausgeschaltet«. Jeder, der ein Kind beim Spielen beobachtet hat, kann den Ernst dieser Tätigkeit sehen, die damit verbundene hohe Konzentration und Aufmerksamkeit. Es stellt demnach eine erwachsenzentrierte Sicht auf Bildung dar, wenn Bildung spielerisch vermittelt werden soll. „Spiel wird zu einer Art Trojanischen Pferd, mit dem man Kinder überlisten will, etwas zu tun, was sie anscheinend nicht gerne tun. Wenn etwas in dieser Weise spielerisch angeboten wird, heißt das gleichzeitig: Lerne und das, was zu lernen ist, schmeckt bitter und muss versüßt werden, damit das jemand überhaupt macht" (Schäfer 2010, S. 26).

Bildungstheoretisch wird damit eine Botschaft vermittelt, dass der Eifer, die Neugier und Offenheit, die Bereitschaft sich anzustrengen nicht in der Befriedigung des Bildungswertes liegt, sondern in der Überwindung, die sie kostet.

An dieser Stelle kann der These des Frühpädagogen Gerd E. Schäfer zugestimmt werden, dass Bildung als Ernst des Spiels zu verstehen ist und mehr braucht als Kompetenzen. Bildung braucht eine kindliche Kultur des Lernens, die den Wert des Spiels aufgreift und elementarpädagogisch nutzt, ohne ihren Ernst zu negieren. Frühkindliche Bildung, die den Kindern Spielräume der Beteiligung ermöglichen will, muss die Kinder darin unterstützen, eigene – lokale und passbare – Kulturen zu entwickeln, in welchen sie in der Auseinandersetzung mit den Vorgaben der Erwachsenen einen Weg ins kulturelle Leben finden und erfinden. Die pädagogische Unterstützung des kindlichen Anfängergeistes besteht nicht darin, dass wir eine ‚erleichternde Umwelt' (facilitating environment) schaffen, in der solche Kulturen der Kinder entstehen können" (Schäfer 2010, S. 28).

Der Mensch spielt nur, wo er in voller Bedeutung des Wortes Mensch ist, und er ist nur da ganz Mensch, wo er spielt.

Friedrich Schiller (1759 * – 1805 †), dt. Dichter, Philosoph und Historiker.

Im Sinne der Elementarpädagogik soll auf Grundlage der bisher dargestellten theoretischen Zusammenhänge, eine Kultur des kindlichen Lernens aufgegriffen werden, die drei zentrale Dimensionen beachtet. Es geht um eine Kultur des kindlichen Lernens, die aus spielpädagogischer Sicht erläutert wird, um die Entdeckung des Spiels als Bildungswert und damit als relevant für das elementarpädagogische Handeln zu skizzieren.

Die erste Dimension einer Kultur des Lernens, aus spieltheoretischer Sicht ist die der *Selbstbildung*: „Kindern genügt es nicht, satt, sauber und sicher zu sein. Sie beobachten beim Spielen auch aufmerksam die Personen in ihrem Umfeld und lernen darüber allmählich, sich selbst zu beobachten. Daraus resultiert der große Bildungswert des Spiels und die hohe Verantwortung der Erziehenden für das kindliche Spiel" (Zimpel 2013, S. 19).

Wenn wir im elementarpädagogischen Feld Kindern begegnen, begegnen wir »kleinen Experten ihres eigenen Lebens«, die ihre eigenen und individuellen Handlungs- und Denkmöglichkeiten mitbringen, angebunden an die bereits von ihnen gesammelten Erfahrungen zum jeweiligen Zeitpunkt ihrer Biografie. „Eine Kultur des Lernens berücksichtigt die individuelle Lebensgeschichte des Kindes" (Schäfer 2010, S. 36). Eine förderliche Kultur des kindlichen Lernens kann unter diesem Aspekt gelingen, wenn Möglichkeiten der Selbstbildungspotentiale eines Kindes gegeben sind. Wenn es sich ausprobieren kann, vielfältige Gelegenheiten bekommt, um sich zu betätigen, Neues auszuprobieren, Altes zu verfeinern oder zu verwerfen. Durch ein *Erleben und Tun* entsteht Kinderkultur. Kinder in ihrer Selbsttätigkeit zu stützen, zu fordern und zu fördern bedeutet, sie nicht allein zu lassen, sondern einen Rahmen zu schaffen, der ein Ausprobieren, Improvisieren und Üben ermöglicht. Dem Spiel des Kindes kommt hier eine ganz besondere Rolle zu. Für das Kind ist das Spiel Selbstzweck, es spielt, weil es spielen will. Damit ist das Spiel eine ganz besondere Art des kindlichen Handelns. Spielforscher ziehen hier zwei Kriterien dieser Besonderheit heran: einmal die Zweckfreiheit und außerdem den inneren Anreiz der Spieltätigkeit (vgl. Oerter 1999, S. 5).

Das Kind tut etwas, es handelt, ohne sich des Motives und Zieles bewusst zu sein. Im zweckfreien Handeln baut es mit Bauklötzen, um des Bauens willen, nicht um Gebäude zu errichten, die nebenbei dennoch entstehen können.

Es geht dem Kind beim freien Spiel nicht um das Handlungsergebnis oder um Handlungsfolgen. Es ist die Spieltätigkeit, die entscheidend für das Kind ist. Jedes Spiel hat einen Sinn für das Kind, sonst würde es sich auf dieses eine Spiel gar nicht erst einlassen, welches sich als Erkunden, (Aus-)Probieren, Darstellen, Erfinden, Messen und Konkurrieren entwickeln kann (vgl. Welzien 2016, S. 6).

Das Kind lernt im Tätig-Sein, so schlüpft es z.B. in Rollen – wenn wir an die vielfältigen Rollenspiele denken, wie »Mutter-Vater-Kind« – und übernimmt die damit implizierten Regeln, die sich hinter deren sozialen Funktion verbergen (vgl. Leontjew 1985, S. 298).

Beispiel :

Ein kleines dreijähriges Mädchen spielt hingebungsvoll mit einer Küchenrolle. Es füttert diese, schaukelt die Rolle in den Schlaf und legt sie schließlich in eine Ecke zum Schlafen, deckt sie zu und geht, auf Zehenspitzen, leise durch den Raum und flüstert: »Pst, die Rolle schläft«.

Die Küchenrolle stellt das Puppenkind dar, das Mädchen reproduziert soziale Handlungen, die ihr bekannt sind, die sie bereits selbst erlebt hat. „Das konstituierende Moment des Spiels ist die Reproduktion einer Handlung, die man auch mit dem Terminus „Rolle“ bezeichnet“ (Leontjew 1985, S. 298). Jüngere Kinder erleben im Spiel vor allem die Handlung selbst – wie hier im Beispiel, in dem es um die Handlung des »Ins-Bett-Bringens« und des »Versorgens« geht –. Später im Entwicklungsverlauf stehen die inneren sozialen Beziehungen, die moralischen und emotionalen Aspekte im Mittelpunkt. Am vorgenannten Beispiel orientiert wäre dann vorstellbar, dass die Kommunikation und die damit empfundenen Gefühle beim »Ins-Bett-Bringen« und »Versorgt-Werden« im Spiel wiedergegeben werden (dann schimpft das Mädchen möglicherweise, weil die Rolle nicht schlafen will, oder tröstet oder singt Schlaflieder für die Rolle) (vgl. Leontjew 1985, S. 304).

Das Kind lernt im Spiel, in seinem vorgegebenen Rahmen, selbst mit den Dingen und dem Umgang mit den Menschen zu hantieren, es probiert sich selbst in seiner allernächsten Umgebung und mit seinen aktuellen Lebensthemen aus und eignet sich die Welt in handelnder Form an (vgl. Leontjew 1985, S. 305).

Die zweite Dimension einer Kultur des Lernens für Kinder ist die des *Dialoges*. „Ein Kind, das sich seine Umwelt aneignet, ist bestrebt, in ihr zu handeln" (Leontjew 1985, S. 290). Gemeint ist mit dieser Dimension eine Kultur des Lernens, die soziale Beziehungs- und Beteiligungsmöglichkeiten berücksichtigt. Kinder brauchen Erfahrungen mit Menschen, die ihnen zuhören, die ihren Erfahrungen Raum geben. Sie sind auf Reaktion ihres Gegenübers angewiesen, erwarten Antworten auf ihre Bemühungen, und erleben sich über Resonanz. Über die Kommunikation und die Interaktion erleben sich Kinder als stimmig. Es ist ein zentrales Kennzeichen kindlicher Entwicklungs- und Lernprozesse, das über die Tätigkeit mit anderen Menschen, Gegenständen und Orten die Vorgänge und Zustände der Umwelt für die Kinder Bedeutung und Sinn bekommen. „Lernprozesse finden statt, während und weil das Kind mit Dingen und Personen tätig ist" (Flämig et al. 2009, S. 11).

„Damit Kinder sich in ihrer Beziehung zu Dingen und zu anderen Menschen vertiefen, damit sie reichhaltige Erfahrungen sammeln können, sind sie auf eine Resonanz ihres Umfeldes angewiesen. [...] Resonanz ist der Beginn einer Verständigung zwischen zwei Partnern" (Schäfer 2010, S. 32 f.).

Verständigung wird hier definiert als ein aktives und fachlich klärbares Bemühen, ein Bemühen zu verstehen und sich verständlich zu machen. „Verständigung ist nicht gegeben, sondern muss erarbeitet werden" (Schäfer 2010, S. 33). Im alltäglichen Miteinander kann ein Umgang mit Kindern beobachtet werden, welcher eine erwachsene Sicht auf das Kind verdeutlicht, die ihren Ausgangspunkt darin nimmt, zu wissen, was das Kind braucht, fühlt und denkt, ohne es selbst zu fragen.

Um die Sicht des Kindes zu erfahren, braucht es mehr als theoretisches Wissen und eine wache Beobachtungsgabe, es braucht den Dialog *mit* dem Kind. „Erziehung mit dem Ziel der Entwicklungsförderung und Begleitung eines frei heranwachsenden Individuums intendiert eine Erziehung zur Dialogfähigkeit. Dialogfähigkeit basiert auf Bindung und Geborgenheit und entwickelt sich gleichzeitig durch sinnbestimmte Elementarerfahrungen, also Erfahrungen der Wahrnehmungsebene, einer Ebene des Bezugnehmens auf eine Quelle des Hörens, des Sehens oder des Fühlens" (Diestelkamp u. Marzinzik 2013, S. 80).

Mit Kindern in den Dialog gehen bedeutet eine Schaffung von Erfahrungsräumen des gegenseitigen Wahrnehmens. Das für alle pädagogischen Situationen charakteristische Spannungsfeld der Bildung zwischen Sozialität und Autonomie wird hier deutlich. Es braucht ein Miteinander, einen Austausch untereinander, um die eigene Position in der Welt zu finden und selbstbestimmte Wege gehen zu können. Erziehung muss heute, in Zeiten der Beschleunigung, der Individualisierung und Pluralisierung, mehr denn je auf der einen Seite Orientierung bieten, einen verlässlichen Rahmen zur Verfügung stellen, und auf der anderen Seite vielfältige Erfahrungs- und Gestaltungsfreiräume aufzeigen und zur freien Verfügung stellen. Eine solch verstandene Kultur des Lernens versteht Bildung nicht als Anlernen, sondern als Aneignung und „Umgang mit kultureller Wirklichkeit, die von Kreativität, Selbstständigkeit, Eigeninitiative, Bedürfnisorientierung, Subjektivität und Partizipation gekennzeichnet ist" (Bastian 2011, S. 25). Ziel einer solchen Kultur des Lernens ist die Förderung gesellschaftlicher Handlungskompetenz und die Erziehung zu sozialer Mündigkeit.

Die dritte Dimension einer kindlichen Kultur des Lernens ist die der *Strukturen:* „Das Gehirn braucht zum Lernen Beispiele und Muster, nicht Regeln" (Gruhn 2011, S. 303). Kinder brauchen Strukturen, welche Exploration, Neugier und Lust am Ausprobieren ermöglichen. Kinder machen nicht nur nach, sie beobachten genau, sie wollen berühren und berührt werden, sie wollen aktiv etwas erleben im Selbermachen und Tätig-sein.

„Man kann das kindliche Lernen nicht forcieren und von außen beschleunigen, sondern muss Kindern eine Lernumgebung mit vielfältigen Erfahrungsmöglichkeiten bieten" (Gruhn 2011, S. 305).

Die Pädagogin und Ordensfrau Margarete Schörl (1912–1991) spricht sich ihrer Zeit für eine Gruppenraumgestaltung im Elementarbereich aus, die Platz bietet für ein freies, selbstbestimmtes Spiel, in einem Raum, der als »Wohnstube« ausgerichtet ist und zugleich eine hohe Flexibilität in seiner Gestaltung aufweist. Ihr pädagogischer Ansatz verdeutlicht die Bedeutung von klaren (Raum-)Strukturen zur Gestaltung von Lernräumen für Kinder.

Die Leitidee des Ansatzes ist an Veränderung und Weiterentwicklung gebunden: „Jedes pädagogische System, und sei es noch so gut, ist eine Erstarrungsform und gerät damit in Widerspruch zu sich selbst und seinem Schöpfer. Die Pädagogik soll Dienst am Leben sein. Das Leben aber fließt, unentwegt verändert es sich, und damit ändern sich auch die pädagogischen Bedürfnisse und Notwendigkeiten, aber auch die pädagogischen Möglichkeiten" (Schörl 1956, S. 214 zit. n. Berger 2000, S. 37).

Es geht bei der Gestaltung von Strukturen, die einer kindlichen Kultur des Lernens entsprechen, um eine Pädagogik, die das Kind in den Mittelpunkt ihrer Überlegungen rückt. Kinder brauchen eine anregende Umgebung, die einen auffordernden Charakter hat. Dabei ist die Bereitstellung von Gelegenheiten bedeutsam. Für Schörl ist das Spiel des Kindes Weltbewältigung. Sie geht davon aus, dass Kinder, je jünger sie sind, sich durch spielerische Aktivitäten ausdrücken.

Das Spiel ist die Sprache ohne Worte und somit eine Mitteilung des Kindes an das Gegenüber. Für die Pädagogin ist das kindliche Spiel „inneres Leben und inneres Bewegt sein" [sic] (Berger 2000, S. 38). Diesem Verständnis entsprechend gehört das Spiel, bereits strukturell mitgedacht, ins Alltagsgeschehen des Kindes. Das Kind benötigt keine didaktisch aufbereiteten Spielmaterialien, sondern alltägliche, gestaltbare Gegenstände mit Hilfe derer es lernen kann, über Dinge und eigene Möglichkeiten frei zu verfügen und nicht in programmierten Bahnen zu denken (vgl. Berger 2000, S. 38).

Strukturen des kindlichen Lernens fordern einen lebensweltlichen Bezug, und sie orientieren sich am Tun des Kindes, ohne dabei die verantwortungsvolle Begleitung und Führung des Kindes zu missachten. Es geht dabei um eine Struktur, die Kindern ein Handeln ermöglicht, die ihre Tätigkeiten begleitet, fördert und unterstützt und auch Impulse für Neues gibt. An dieser Stelle kann die Besonderheit der kindlichen Sicht auf die Welt nachdrücklich Platz gemacht werden, mit einer Übersetzung der Kindheitswissenschaftlerin Annette Dreier, die die Worte von Loris Malaguzzi (1985) übersetzt:

„Ein Kind ist aus hundert gemacht. Ein Kind hat hundert Sprachen, hundert Hände, hundert Gedanken, hundert Weisen zu denken, zu spielen und zu sprechen. Immer hundert Weisen zuzuhören, zu staunen und zu lieben, hundert Weisen zu singen und zu verstehen, hundert Welten zu entdecken, hundert Welten zu erfinden, hundert Welten zu träumen. Ein Kind hat hundert Sprachen doch es werden ihm neunundneunzig geraubt. Die Schule und die Umwelt trennen ihm den Kopf vom Körper. Sie bringen ihm bei, ohne Hände zu denken, ohne Kopf zu handeln, ohne Vergnügen zu verstehen, ohne Sprechen zuzuhören, nur zu Ostern und Weihnachten zu lieben und zu staunen. Sie sagen ihm, dass die Welt bereits entdeckt ist und von hundert Sprachen rauben sie dem Kind neunundneunzig. Sie sagen ihm, dass das Spielen und die Arbeit die Wirklichkeit und die Phantasie die Wissenschaft und die Vorstellungskraft der Himmel und die Erde die Vernunft und der Traum Dinge sind, die nicht zusammengehören. Sie sagen also, dass es die hundert Sprachen nicht gibt. Das Kind sagt: »Aber es gibt sie doch.«" (Dreier 2015, S. 16f.).

Kinder treten in die Welt durch ihre Art und Weise der Weltsicht und Menschen, die ihnen begegnen.

„Soziale Beziehungen ermöglichen oder verhindern, erleichtern oder erschweren Lernerfahrungen" (Schäfer 2010, S. 37). Im frühpädagogischen Feld sind daher Strukturen wünschenswert, in denen sich Kinder selbstständig auf einen Erfahrungsraum einlassen können. Es braucht die Bereitstellung eines Rahmens, der eine aktive Beteiligung der Kinder vielfältig ermöglicht und fürsorglich begleitet.

Ausblick

Beim Spielen kann man einen Menschen in einer Stunde besser kennenlernen als in einem Gespräch in einem Jahr.

Platon (427 – 348 od. 347 v. Chr.), lateinisch Plato, griechischer Philosoph, Begründer der abendländischen Philosophie.

Die spielerischen Bildungsangebote der heutigen Zeit reichen von Chinesisch-Kursen für Babys, Frühenglisch in der Krippe und Yoga zur Entspannung nach dem Kindergarten, alles mit spielerischer Didaktik bedacht. Dem kindlichen Spielverhalten werden diese Konzepte nicht gerecht. Beobachten wir Kinder beim Spielen, dann wird Hingabe und Erfüllt-Sein von etwas sichtbar. Sie sind konzentriert, neugierig, ganz bei der Sache, vergessen die Welt um sich herum und eignen sich die Welt aktiv, mit Eifer und enormer Beharrlichkeit an (vgl. ebd.)

Spielerische Bildungsangebote verkennen den Wert des kindlichen Spiels und vermitteln zugleich ein Bild vom Lernen, welches versüßt werden muss, in welchem die Befriedigung nicht in der Sache liegt, sondern in der Überwindung, die es kostet. So soll alles möglichst spielerisch vermittelt werden, damit es bloß keiner Anstrengung bedarf.

Es wird deutlich, dass es um Erziehung durch Bereitstellung von Tätigkeitsmöglichkeiten geht, nicht um Erziehung zur Tätigkeit. Tätig sein wollen Kinder von alleine, und dennoch brauchen sie Begleitung, Hilfe und Unterstützung.

Durch das Spiel werden immer komplexere Handlungsstrukturen erlernt, wird die kindliche Entwicklung gefördert, findet Kreativität und Phantasie aktiv statt und entsteht ein Mitteilungsraum. Das natürliche Interesse an Gegenständen, im musikalischen Kontext gesprochen an Geräuschen und Tönen in ihrer Umgebung, gilt es zu nutzen, auszubauen und zu schulen, gerade und besonders im Zeitalter der elektrischen und elektronischen Einströmung und der Highspeed-Kommunikation (vgl. Diestelkamp u. Marzinzik 2013, S. 16).

Die Kunst des kindlichen Staunens und des Sich-Wunderns als lebensphilosophische Grunderfahrung gilt es in ihren kreativen Spielräumen zu erhalten, dazu braucht es die aktive Beteiligung der Kinder.

Was braucht es noch?

Hier kann das Beispiel Musik, als ein kulturelles und bisher durchaus auch noch wenig im Bildungsdiskurs beachtetes Betätigungsfeld von Kindern herangezogen werden. Um den Zugang zur Musik zu fördern, Musik als aktives Betätigungsfeld erfahrbar zu gestalten, braucht es aus pädagogischer Sicht spielende, singende Elternhäuser, Väter, Mütter und Pädagogen mit einem

Bauchladen voller Lieder, Kindheitspädagogen, die Freude an der Musik haben, die begeistert sind und die Befangenheit ablegen, sich stattdessen bewegen und die Musik nicht zu einem privaten Privileg machen, sondern Musik öffentlich fördern und öffentlich nach außen tragen. Übertragen auf die Bedeutung des kindlichen Spiels für das pädagogische Handeln in der Frühpädagogik bedeutet das, dass es Pädagogen braucht, die sich mit dem Spiel theoretisch, reflektiert und auch selbst aktiv auseinander setzen. Um dies im Sinne der Kinder zu tun, ist der lebensweltliche Bezug ein Zugang zum kindlichen Spiel und Spielverhalten. Sich mit dem Thema »Spiel« theoretisch auseinander zu setzen bedeutet nicht, täglich ins kindliche Spiel einzugreifen, wohl aber zu beobachten, aufmerksam zuzuhören und das spielende Kind in seiner lebensweltlichen Vernetzung zu verstehen.

> Im Zusammenhang mit Spiel in pädagogischen Handlungsfeldern geht es zunächst darum, nach dem subjektiven Bedeutungsgehalt der Handlungsmuster der Menschen zu fragen und sich von der Lebenswelt der Kinder und Jugendlichen ansprechen zu lassen. Sich ansprechen lassen vom Anderen und ihn in der eigenen Lebenswelt aufzunehmen und zugleich Gast zu sein in der seinen, ist der Anfang einer Begegnung in unterschiedlichen Lebenswelten, die in allen Bereichen menschlichen Lebens denkbar sind, also auch im Spiel (Renner 2008, S. 148).

Aufgabe: Welche Anforderungen stellt der Lebensweltbezug an das spielpädagogische Konzept in elementarpädagogischen Einrichtungen?

Das Spiel hilft dem Kind, Mensch zu werden. Jedes Kind hat ein Recht darauf zu spielen und so kann abschließend ein Text aus dem Bilderbuch von Alain Serres und Aurélia Fronty (2013) herangezogen werden, um der Fürsorge für Kinder eine deutliche

Stimme zu verleihen und ihr Befinden nicht spielerisch zu entwerten, auch wenn es gerade das Spielerische ist, was den Kindern und jedem von uns das Leben leicht machen kann.

»Ich bin ein Kind und ich habe Rechte«

Ich bin ein Kind mit Augen, Händen, einer Stimme, einem Herzen und mit Rechten. Ich habe das Recht auf einen Namen, einen Vornamen, auf eine Familie, die mir zulächelt und ein Land, in dem ich mich zu Hause fühle. Ich habe das Recht, genug zu essen und zu trinken zu bekommen, damit ich wachsen kann. Besonders gern mag ich Orangen: Die kann man essen und trinken. Ich habe das Recht auf ein Dach über dem Kopf, es warm zu haben, aber nicht zu heiß, fern von allem Elend. Und ich habe das Recht, all das zu haben, was ich zum Leben brauche. Ich habe das Recht, versorgt zu werden, mit besten Heilmitteln, welche die Menschheit erfunden hat. Zu laufen, zu springen, zu klettern und zu rufen: »Wie schön ist es, gesund zu sein!«. Ich habe das Recht kostenlos in die Schule zu gehen, um zu lernen, wie Vögel fliegen, die Flugzeuge oder der Klatschmohnsamen. Ich habe gleich viel Rechte, egal ob ich ein Mädchen bin oder ein Junge. Mädchen und Jungs sind gleich viel wert, alles andere ist verkehrt. Ich habe das Recht, ernst genommen zu werden ... schwarz oder weiß, groß oder klein, ... egal ob ich arm oder reich bin, ob ich hier geboren bin oder anderswo. Ich habe das Recht auf Hilfe von meinen Eltern, meinen Freundinnen und Freunden, meinem Land, wenn mein Körper nicht gleich gut funktioniert wie der Körper anderer Kinder. Ich habe das Recht, nie Gewalt erleiden zu müssen. Kein Mensch hat das Recht, auszunutzen, dass ich ein Kind bin. Ein Mensch der Welt. Ich habe das Recht, zur Schule zu gehen, statt arbeiten zu müssen. Wenn ich einmal alles gelernt habe, was ich will, dann wähle ich einen Beruf. Ich habe das Recht von den Erwachsenen vor Katastrophen beschützt zu werden wie mit einem großen Regenschirm, der Wasser abhält und Unglück. Ich habe das Recht, nie das Gewitter von Waffen und Krieg erleben zu müssen. Die Blitze von Geschützen und der Donner von Bomben machen mir Angst. Ich habe das Recht, reine Luft zu atmen, Luft so rein wie das Blau des Himmels und das Weiß des Packeises. *Ich habe das Recht zu spielen, zu basteln, mir Dinge auszudenken, Grimmassen zu schneiden, herumzutollen …* mit Freundinnen und Freunden, denn alleine zu tanzen macht keinen Spaß. […] Ich habe das Recht, all diese Rechte zu haben, weil mein Land die Kinderrechtskonvention unterschrieben hat zusammen mit 192 anderen Ländern und weil ich ein Kind bin. Wann wird es so weit sein, dass jedes Kind der Welt in seinen Rechten ernst genommen wird?

Morgen?

Übermorgen? Erst in zwanzig Jahren?

Die Kinderrechte gelten jetzt! Denn jetzt sind wir Kinder" (Serres u. Fronty 2013).

Literaturverzeichnis

BASTIAN, H.G. (2011): *„Nena hat Rhythmus – Mozart hat keinen!" Gedanken wider den musikalischen Analphabetismus: Monita und Desiderata.* In: LORITZ, M. D. et al. (Hrsg.), (2011): *Musik – Pädagogisch – Gedacht. Reflexionen, Forschungs- und Praxisfelder. Festschrift für Rudolf-Dieter Kraemer.* Forum Musikpädagogik. Augsburger Schriften. Band 100. Augsburg. S. 13 – 28.

BERGER, M. (2000): *Friedrich Fröbels Konzeption einer Pädagogik der frühen Kindheit.* In: FTHENAKIS, W. E., TEXTOR, M. R. (Hrsg.) (2000): *Pädagogische Ansätze im Kindergarten.* Weinheim, Basel.

BÖHM, W., FUCHS, B., SEICHTER, S. (Hrsg.) (2011): *Hauptwerke der Pädagogik.* Paderborn.

BROOKER, L., BLAISE, M., EDWARDS, S. (Hrsg.) (2014): *Play and Learning in early childhood.* Los Angeles, London, New Delhi, Singapore, Washington DC.

BUYTENDIJK, F.F.J. (1933): *Wesen und Sinn des Spiels. Das Spielen des Menschen und der Tiere als Erscheinungsform der Lebenstriebe.* Berlin.

DIESTELKAMP, D., MARZINZIK D.R. (2013): *Ästhetisch musikalische Grundausbildung.* Köln.

DREIER, A. (2015): *Was tut der Wind, wenn er nicht weht? Begegnungen mit der Kleinkindpädagogik in Reggio Emilia.* Berlin.

ELSCHENBROICH, D. (2012): *Die Dinge. Expeditionen zu den Gegenständen des täglichen Lebens.* München.

FAVIER, A. (1992): *Spielzeug – was wissen Experten?* In: Büttner, Ch., Elschenbroich, D., Ende, A. (Hrsg.) (1992): Jahrbuch der Kindheit. Band 9. Weinheim S. 10–28.

FLÄMIG, K. et al. (2009): *Bildungs- und Lerngeschichten – Entwicklungstheoretische Hintergründe.* Berlin.

FLITNER, A. (1977): *Spielen – Lernen. Praxis und Deutung des Kinderspiels.* München.

FREUD, S. (1908): *Der Dichter und das Phantasieren.* Neue Revue (1908), Bd. 1 (10). Gesammelte Werke. Bd. 7. Frankfurt am Main.

FRÖBEL, F. (1826): *Die Menscherziehung, die Erziehungs-, Unterrichts- und Lehrkunst.* 1. Band. Leipzig.

GRUHN, W. (2011): *Am Anfang ist das Ohr. Überlegungen zum musikalischen Lernen bei Säuglingen.* In: Loritz, Martin D. et al. (Hrsg.), (2011): *Musik – Pädagogisch – Gedacht. Reflexionen, Forschungs- und Praxisfelder. Festschrift für Rudolf-Dieter Kraemer. Forum Musikpädagogik. Augsburger Schriften.* Band 100. Augsburg.

HEILAND, H. (1998): *Die Spielpädagogik Friedrich Fröbels.* Beiträge zur Fröbelforschung 5. Hildesheim, Zürich, New York.

HUIZINGA, J. (1972): *Homo ludens. Vom Ursprung der Kultur im Spiel.* Hamburg.

KOLLER, H.-C. (2010): *Grundbegriffe, Theorien und Methoden der Erziehungswissenschaft. Eine Einführung.* 5. Auflage. Stuttgart.

KRÜGER, H.-H. (2012): *Einführung in Theorien und Methoden der Erziehungswissenschaft.* 6. Auflage. Opladen und Toronto.

LEONTJEW, A. N. (1985): *Probleme der Entwicklung des Psychischen.* 6. Auflage. Berlin.

MEBS, G. (1997): *Oma schreit der Frieder.* Frankfurt am Main.

MOGEL, H. (2008): *Psychologie des Kinderspiels. Von den frühsten Spielen bis zum Computerspiel. Die Bedeutung des Spiels als Lebensform des Kindes, seine Funktion und Wirksamkeit für die kindliche Entwicklung.* 3., aktualisierte und erweiterte Auflage. Heidelberg.

OERTER, R. (1999): *Psychologie des Spiels. Ein handlungstheoretischer Ansatz.* Weinheim und Basel.

PASOLINI. P. P. (1976): *Lettere luterane.* Turin

POHL, G. (2014): *Kindheit – aufs Spiel gesetzt. Vom Wert des Spielens für die Entwicklung des Kindes.* 4. Auflage. Heidelberg.

PONGRATZ, L.A., NIEKE, W., MASSCHELEIN, J. (Hrsg.) (2004): *Kritik der Pädagogik – Pädagogik der Kritik.* Opladen.

PRANGE, K. (2008): *Schlüsselwerk der Pädagogik.* Stuttgart.

RENNER, M. (2008): *Spieltheorie und Spielpraxis. Ein Lehrbuch für pädagogische Berufe.* 3. neu bearbeitete Auflage. Freiburg im Breisgau.

SCHÄFER, A., THOMPSON, C. (2014): *Spiel.* Paderborn.

SCHÄFER, G.E. (2004/05): Einführung in pädagogisches Wahrnehmen und Denken. Wintersemester 2004/05. Universität Köln. S. 1–10.

SCHÄFER, G. E. (2010): *Aufstieg zum musikalischen Olymp oder frühe Wege in die Musikkultur.* In: SCHMIDT, K., SCHMIDT-

OBERLÄNDER, G. (Hrsg.), (2010): *Musikkultur in der Kindheit. Fachtexte zu einer interdisziplinären Tagung von Pädagogen der frühen Kindheit, Elementarpädagogen und Musiklehrern und zur Evaluation des Bundesmodellprojektes Musikkindergarten,* Weimar Mai 2010. Marburg.

SCHEUERL, H. (1965): *Das Spiel.* 5. Auflage. Weinheim.

SCHILLER, F. v. (2000): *Über die ästhetische Erziehung des Menschen in einer Reihe von Briefen.* Stuttgart.

SERRES, A. u. FRONTY, A. (2013): *Ich bin ein Kind und ich habe Rechte.* Zürich.

STUMPF, H. (2007): *Die wichtigsten Pädagogen.* Wiesbaden.

THIESEN, P. (2009): *Arbeitsbuch Spiel. Für die Praxis in Kindergarten, Hort, Heim und Kindergruppe.* 6. Auflage. Troisdorf.

WELZIEN, D. (2016): *Ist die Kita noch ein Ort zum Spielen? Zum Verhältnis zwischen Spielen und Lernen.* In: Frühe Kindheit (2016): Die Bedeutung des Spiels für die kindliche Entwicklung. Heft 03/2016, 19. Jg. Berlin. S. 6–15.

WINNICOTT, D.W. (2012): *Vom Spiel zur Kreativität.* 13. Auflage. London.

ZIMPEL, A. F. (2013): *Lasst unsere Kinder spielen! Der Schlüssel zum Erfolg.* 3. Auflage. Göttingen.

ZULLIGER, H. (2007): Heilende Kräfte im kindlichen Spiel. Eschborn.

Internetquellen:

KRENZ, A. (2014): *„Das Spiel ist der Beruf jedes Kindes!“ Das kindliche Spiel als Selbsterfahrungsfeld und Bildungsmittelpunkt für Kinder.* In: TEXTOR, M.R. (Hrsg.), (2014): Kindergartenpädagogik. Online Handbuch. www.kindergartenpaedagogik.de 2100.html Stand: 30.11.2014

Filmtipp:

RAUE, D. (1998): *Spielmomente. Kinder unterwegs ins 21. Jahrhundert.* DVD 4658990. Media Versand. Ellwangen.

Red Guide

Christoph Becker
Die Zehn Gebote
Verfassung der Freiheit
Seit Jahrtausenden existiert mit den Zehn Geboten eine Aufzeichnung von Regeln für eine gelingende Gesellschaftsordnung. Mit wenigen Grundaussagen bildet der Dekalog eine Lebenseinrichtung ab, die von zeitlos gültigem Respekt der Menschen gegeneinander gekennzeichnet ist. In der Sicht eines Rechtshistorikers ergibt sich eine Überlieferungskette schriftlich gefaßter Normen bis hin zu den Gesetzen der Moderne. Die Zehn Gebote stellen in dieser Tradition eine Verfassung der Freiheit und der Menschenwürde dar.
Bd. 17, 2. Aufl. 2016, 132 S., 12,90 €, br., ISBN 978-3-643-13622-0

Christian Erk
Was ist ein System?
Eine Einführung in den klassischen Systembegriff
Bd. 16, 2016, 128 S., 10,00 €, br., ISBN 978-3-643-80203-3

Matthias Morgenstern
Judentum und Gender
Neben dem biologischen gibt es auch ein soziales Geschlecht. Diesem sozialen Geschlecht (gender) sind ein Rollenverständnis und eine sexuelle Orientierung zugeordnet.
Thema dieser Einführung sind die unterschiedlichen Konstruktionen von Mann und Frau sowie das Zusammenleben der Geschlechter im Judentum. Der Band bietet einen Überblick zu anthropologischen Fragestellungen, die Erkenntnisse der Genderforschung am Beispiel des Judentums in einen religionswissenschaftlichen Zusammenhang stellen.
Immer erfolgt die Darstellung mit Seitenblicken auf Christentum und Islam.
Bd. 15, 2014, 104 S., 9,90 €, br., ISBN 978-3-643-12699-3

Uschi Gröner; Markus Fleige
Prozessorientierte Modellierung und Analyse mit dem ARIS-Tool
Das Modellieren und Analysieren von Prozessen sind wichtige Voraussetzungen, die erfüllt sein sollten, damit Geschäftsprozesse im Anschluss an diese vorbereitenden Arbeitsschritte erfolgreich implementiert und in der Praxis gelebt werden können. Das vorliegende Kurzlehrbuch versteht sich als Leitfaden, um einen praxisorientierten Einstieg in die Arbeit des Modellierens und der Analyse mit einem datenbankgestützten Werkzeug zur Prozessmodellierung und -analyse zu erhalten. Als Werkzeug wird der ARIS Architect und Designer 9.8 verwendet. Checklisten zur Kontrolle des Lernerfolgs unterstützen den Leser beim Wissenserwerb.
Bd. 13, 2015, 126 S., 12,90 €, br., ISBN 978-3-643-12465-4

Peter Scheinpflug
Genre-Theorie
Eine Einführung
Ob Horrorfilm, Ego-Shooter, Vampirroman oder Popmusik – in unserer alltäglichen Mediennutzung spielen Genres eine zentrale Rolle.
Doch was ist ein Genre? Am Beispiel von Filmgenres bietet diese Einführung einen Überblick über die wichtigsten Grundlagen und Schwerpunkte der Genre-Theorie: von Ansätzen zur Definition von Genres und Genre-Korpora über ihre Kontextualisierung in der Kultur- und Mediengeschichte bis hin zu speziellen theoretischen und historiographischen Modellen wie beispielswiese Sub-Genres, Neo-Genres, Genre-Hybride, Genre-Klassiker oder body genres.
Anhand einschlägiger Beispiele wird der Leser so an grundlegende Fragestellungen der Genre-Theorie herangeführt.
Bd. 12, 2014, 120 S., 9,80 €, br., ISBN 978-3-643-12435-7

LIT Verlag Berlin – Münster – Wien – Zürich – London
Auslieferung Deutschland / Österreich / Schweiz: siehe Impressumsseite

Petra Weber
Hörfunkpraxis: Texte & Töne
Eine Anleitung
Es gilt das gesprochene Wort! Beiträge für den Rundfunk sind ausgerichtet auf den Vortrag, müssen der Dramaturgie des Hörens folgen, Texte mit Tönen verknüpfen, Information durch Beschreibung vermitteln. Dann entscheidet die Stimme über die Wirkung beim Publikum. Ein Handbuch, das journalistische Methoden mit Erkenntnissen aus Sprech- und Schauspielausbildung kombiniert. Die Regeln des Radio-Berichts werden vermittelt zusammen mit Übungen für die Zwerchfellatmung. Das Nachrichtenschreiben wird mit der richtigen Betonung trainiert. Die Entwicklung des Stimmausdruckes hilft beim Verfassen von Kommentaren und Reportagen. Mit einer Einführung in die Tontechnik und Tipps für den Onlineauftritt. Empfehlenswert für angehende und fortgeschrittene Rundfunkjournalisten.
Bd. 10, 2014, 104 S., 9,90 €, br., ISBN 978-3-643-12096-0

Benjamin Beil
Game Studies – eine Einführung
Bd. 9, 2013, 96 S., 9,80 €, br., ISBN 978-3-643-12056-4

Silvan Wagner (Hg.)
Epik des Hochmittelalters
Lernhilfe Prüfungswissen
Bd. 8, 2013, 136 S., 12,90 €, br., ISBN 978-3-643-12043-4

Thomas Rommel
Grundbegriffe der Literatur
Bd. 7, 2012, 192 S., 12,90 €, br., ISBN 978-3-643-11854-7

Peter Antes
Christentum
Eine religionswissenschaftliche Einführung
Bd. 6, 2012, 216 S., 9,90 €, br., ISBN 978-3-643-11573-7

Bernhard Lohse
Epochen der Dogmengeschichte
Ein Grundkurs in ökumenischer Absicht. Geleitwort von Markus Wriedt
Bd. 5, 10. Aufl. 2013, 288 S., 12,90 €, br., ISBN 978-3-643-11296-5

Wolfgang Rumpf
Popmusik und Medien
Bd. 4, 2011, 104 S., 8,80 €, br., ISBN 978-3-643-11104-3

Johannes Ludwig
Perfekt präsentieren
Optimieren in vier Schritten
Bd. 3, 2010, 88 S., 8,90 €, br., ISBN 978-3-643-11018-3

Hans W. Kothe; Erika Kothe
Pilze
Eine unterhaltsame Einführung in die Mykologie
Bd. 2, 2. Aufl. 2012, 160 S., 9,90 €, br., ISBN 978-3-643-10914-9

Joachim Gardemann
Humanmedizin als Hilfswissenschaft
Eine Einführung für gesundheitsbezogene Studiengänge
Bd. 1, 2. Aufl. 2011, 152 S., 9,90 €, br., ISBN 978-3-643-10537-0

LIT Verlag Berlin – Münster – Wien – Zürich – London
Auslieferung Deutschland / Österreich / Schweiz: siehe Impressumsseite